過去に在籍したチームから支給された選手証の数々。

プロになって2年目、ベガルタ仙台のホームユニフォーム。

キッチー（傑志）でのプレー。イギリス領だった香港は、
サッカーのスタイルもイギリス式でハードだった。

試合後にたくさんのサポーターからサインを求められる。

香港のファンが僕の横断幕をつくって応援してくれた。

澳日體育

日援伊藤壇登陸甲組

新春禮

10,888積分

網球學校二月八日選材

加義強陣撼警察

劉翔超重要減肥

李瑋鋒轉會現「羅生門」

香港での評判を聞きつけ、
マカオのカーイー（名門世家加義）の移籍が決定。
現地紙にも大きく取り上げられた。

モンゴルのエルチムでリーグ優勝を果たす。

レジェンドマッチによって、「もう一度ユアテックスタジアムでプレーしたい」という願いがかなう。
2014年、ベガルタOB対ユベントスOBの一戦。

ネパールのMMC（マナン・マルシャンディFC）へ移籍した際、チームのルーツであるマナンまでのトレッキング。鋭鋒アンナプルナ山を一周した。

ミャンマーの民族衣装ロンジーを履き、
ラカプラのユニフォーム、パゴタ（寺院）と共に。

自分を開く技術

伊藤壇

本の雑誌社

はじめに

僕が海外に出てから、すでに十五年以上の月日がたちました。

はじめてシンガポールのスタジアムでピッチに立った時に感じた、熱帯特有のむっとした匂いと、天然芝の青々とした色を、今でも時々思い出します。

前の年にJリーグを解雇され、人生ではじめてといってもいいほどの大きな挫折を味わった僕は、プロサッカー選手として生きる最後の望みを、シンガポール行きに託していました。

海外のサッカー事情はほとんどわかりませんでしたが、半ば自分を奮い立たせるために、「これからはアジアの時代がくる」と出国前に会ったいろんな人に熱く語りました。しかし、それを信じる人は少なく、鼻で笑うサッカー関係者さえいました。

ツテもコネもないアジアの国々で、僕は一人、自分の体と頭だけを頼りに、サッカーを続けていきました。それは、サッカーで収入を得るだけでなく、身の回りのすべてのことを自分で行う生活です。

プロのサッカー選手でありながら、そのサポートもまた自分で行わなければならなかったのです。

様々な国で、自分というサッカー選手を売り込んでいく作業は、〝一人サッカー選手株式会社〟の、選手兼営業部長といっていいでしょう。当然会社には一人しかいませんから、プレーする選手担当だけでなく、チームとの交渉や契約をまとめる営業担当も自分一人です。さらに、選手の体調管理や日々の生活を管理する総務担当も一人、海外の選手にはよくいる、通訳やマネージャー担当も一人です。

代理人をたてている他の外国人選手や、日本のサッカー仲間からは「どうして、そんな大変なことをしているんだ」と口々に言われましたが、僕にはその作業を頼むツテもなかったし、僕の後に続く人たちのためにも、自分で切り開かなくてはと、不思議な使命感に燃えて日々、格闘していました。

そうして、すべてを一人でやっているうちに、自分のことを自分で売り込む面白さに気づきはじめます。何より、自分のことを自分でしっかり管理し、自分のことを深く理解しておくことが、結果的に自分を売り込む時の説得力や、原動力にもつながっていったからです。

日本の人は、自己アピールが下手だと、一般的には言われています。それは、あからさまに自慢をすることや、自分だけ目立つことをよしとしない国民性もあると思いますし、子どもの頃からの同調圧力も無縁ではないでしょう。それに対し、海外の人たちは、自分を強くアピールすることにほとんど抵抗がありません。それゆえ、海外での交渉ごとでは、日本人が丸め込まれたり、騙されたりするケースが後を絶ちません。

「私は海外に行くつもりがないので、そういった心配はない」と言う人もいます。でも、果たしてそうでしょうか。日本の会社はグローバル化によって、外資系企業でなくとも、ある日突然、海外の企業と提携したり、買収されたりということが起こるようになっています。また、二〇二〇年の東京オリンピック・パラリンピック開催決定以降、日本が国として観光に力を入れていることもあり、海外から日本を訪れる観光客は毎年右肩上がりで増えています。

皆さんが思っている以上に、海外への扉は開き続けているのです。

僕は、海外の様々な国のチームに移籍するため、いろいろな交渉をし、何度も騙されたり、苦い経験をしたりしてきました。そんなことをする海外の人たちに腹が立ち、もう二度と会いたくないと思ったことも二度や三度ではありません。しかし、不思議と憎いと思ったことはありませんでした。それがなぜなのか。ある時ふっと気づきます。

彼らは、子どもの頃から交渉ごとのルールを知っていて、片や僕らは知らずに大人になっているだけではないのかと。彼らは、家庭や地域社会、学校などを通して、小さな頃から交渉のノウハウを学び、そして今も実践し続けているだけなのかもしれない……と。

彼らの交渉のたくましさと、人としての優しさが全く別である理由の一端が垣間見えた瞬間でした。

そうであれば、僕らも彼らと同じルールを学び、ノウハウを知って経験を積めば、交渉で騙されたり、手玉に取られたりすることも少なくなるはずです。

そして、自分のことを自分で管理し、自分について深く知ることで、自分から湧き上がってくる願望や、希望をエネルギーとして、相手としっかり交渉することができると思うのです。

相手を知り、自分を知る。

これが、僕がアジア十八の国や地域でサッカーをしながら学んだ、交渉を勝ち抜くための核心です。

この本では、僕のこれまでの体験を通じて、どうやって人生の扉を開いてきたのか、その全てを伝えようと思います。

もくじ

2 プロとして生きる

3 自分を知る

4 相手を知る

5 現地で学んだ交渉術

6 自分を変える

7 未来に向かって

※文中のチーム名やカタカナは、伊藤壇本人が聞こえた通りに表記している箇所もあります。
※本書では、香港やマカオなども便宜上、国として記しております。

< Fukushima wins Stage Three *Tour of Langkawi* 58

MONDAY
StarSport
31 January 2005

Tel> Selangor 03-79671388
Penang 04-6473388
Johor 07-3315666
Perak 05-2539269
Fax> 03-79554039
03-79552959
e-mail> starspt@thestar.com.my

Third time lucky for Safin

Tennis 50

Barca's smiling hitman

PAGES 52-55

- Rooney eyes 20-goal target this sea
- Beattie making a name at Everton
- United loan Richardson to WBA
- European clubs after Ger
- Souness: No replaceme for Bellamy

Arigato Ito

Midfielder from Japan quick to become Penang idol

BY RONNIE OH

PENANG: Japanese midfielder Ito Dan has swept the Penang fans off their feet with an outstanding performance in his debut for the team in the Super League match against Sabah at the City Stadium here on Saturday night.

The first Japanese ambassador to Malaysian football drew the loudest cheer from the fans, who had gathered to watch him make his entry into the stadium.

The cheers continued for Ito when he step onto the pitch and during the match. And he left the stadium as the hero of the night and the new idol for the Penangites.

Ito had played a lead role to help the Panthers maul the Rhinos 3-0. He scored the opening goal in the sixth minute.

And the greeting, *arigato* (thank you in Japanese), rang out loud and clear from the fans, who showed their appreciation for the good job done.

"It's so nice of them to thank me in Japanese. They made me feel so welcomed here. This is a good start and I hope to continue playing well and help the team win honours this season," said the 26-year-old Ito, who featured for top Hong Kong club Kit Chee last season.

In the match against Sabah, Ito stuck a good understanding with the two other foreigners – Viatcheslav "Russian Torpedo" Melnikov and Brazilian Jose Barreto.

Ito could have added another goal to his name nine minutes after putting Penang in front but for a 25-metre shot that skimmed the bar.

"Frankly, it does not really matter whether I score or not in the match.

"The important thing is to help Penang win matches," he said.

"But getting a quick goal in my first match for Penang is a very memorable one and it has whetted my appetite.

"I scored seven goals for Kit Chee last year and I hope that I can make at least a 10-goal contribution to Penang this season."

Penang's two other goals against Sabah were scored by Melnikov in the 24th minute and new local signing Mohd Faizal Esahar deep in stoppage time.

Coach Norizan Bakar, who is in his first season with Penang, has every reason to feel elated with the win.

"I am impressed and credit goes to the players. But I hope they don't let this good start go to their heads," said Norizan, who took Perlis to their first-ever Malaysia Cup victory last year.

Penang's next outing is an away match against Malacca Telekom tomorrow.

INSTANT HIT: Ito, the first Japanese to play i Malaysia, made a memorable debut by scori the first goal in Penang's 3-0 win over Sabah Super League on Saturday.

Published by Star Publications (M) Bhd (10894-D) and printed by Star Papyrus Printing Sdn. Bhd.(22951-A) 13, Jalan 13/6, 46200 Petaling Jaya : 03-79671388 Fax : 03-79554039 (Edit.), 03-79553355 (Adv.), 03-7957779

ペナンの開幕戦で"リーグ最速"ゴールを決めた翌日、マレーシアのスター紙に大きく取り上げられる。

1

“アジアの渡り鳥”伊藤壇誕生のプロローグ

挫折知らずの
スポーツ万能少年が、
“アジアの渡り鳥”
としてはばたくまで

やるからには一番を狙う

一九七五年十一月三日、僕は北海道の札幌で生まれました。小さな頃から運動は得意で、両親が二十代前半にできた子どもということもあり、いろんなスポーツを一緒になって体験したり、教えてもらったりして育ちました。

小学校二年生で野球を始めるとすぐにピッチャーを任されたので、運動のセンスは悪くなかったのでしょう。当時は読売巨人軍の全盛期。近所の子どもはみんなジャイアンツの帽子をかぶっているような時代でしたから、スポーツといえば当然野球です。三年生になると、サッカーとアイスホッケーも始め、三つを掛け持ちすることになりました。サッカーはこの時代の定番『キャプテン翼』の影響から。一方のアイスホッケーは、近所に住む一つ年上のお兄さんから誘われたのがきっかけです。

ところが、実際にスポーツを三つ掛け持ちしてみると、試合の日が重なることが度々あり、やりくりが難しくなってきました。そこで悩んだ結果、冬場に雪で試合ができなくなる野球をやめることにしました。監督さんが毎日家まで来て、「もう少しやってみないか？」とか「ヒマな時でいいから、練習に来てくれないか？」と最後まで熱心に誘ってくれたので、あのまま残っていたら、僕はアジアで野球をしていたかもしれません（笑）。

北海道は冬になると雪が積もり、外で行うスポーツはできなくなってしまいます。しかし、幸いなことにサッカーは、冬場に体育館でできるサロンフットボールという、ちょうど今のフットサルの前身みたいな小さなボールで行うゲームをやっていました。また、アイスホッケーは札幌市内にチームが三つあり、年中使用可能なリンクも三つ四つあったため、どちらも年間を通してプレーできたのです。

小学校の頃の僕は、家が学校の目の前にあったこともあり、家で遊ぶことはせず、サッカーとアイスホッケーのない日は、いつも学校のグラウンドや公園で、缶けりや鬼ごっこなどをし、友達を束ねて遊ぶガキ大将でした。しかも、すばしこかったので、遊ぶ時も同じ学年だけでなく、上級生に混じってサッカーをしたりすることもありました。そういった上下の関係をうまく渡り歩く経験は、その後のサッカー選手としての立ち回りにも生きているような気がします。なにせ、すぐ上の世代が第二次ベビーブーマーですから、学校や公園、団地など、街中いたるところに子どもがあふれていました。僕は一人っ子なので、兄弟がいない分、そういった近所のお兄さんやお姉さんにずいぶんかわいがってもらいました。一方、いたずら小僧を絵に描いたような少年でもあり、児童会長までつとめたのに、覚えているだけで校長室に三回も呼び出された経験があります（苦笑）。

サッカー、アイスホッケー、どちらも始めるとすぐにうまくなりましたが、実はサッカーよりもアイスホッケーのほうが先に芽が出ました。小学校四年生で札幌選抜のメンバーに選ばれ、六年生の時に、当時、三強と言われた苫小牧、釧路、帯広を下して、札幌選抜が全国初優勝を果たしたのです。決勝戦で二点を取った僕は優勝の立役者として、注目を集めます。ところが、小学校で日本一を達成したことで、そこから先は、少し目標を見失ってしまい、結局アイスホッケーはサッカーのトレーニングの一環として続けていました。一方のサッカーは、やはり同じように札幌選抜に選ばれはしましたが、全国大会に進むことはできませんでした。

全国レベルで知られていたアイスホッケーではなく、あえてサッカーの道を選んだのは、単にサッカーが好きということに加え、小学校六年生の時に経験した海外のサッカー選手との交流に原点があります。

札幌は当時の西ドイツのミュンヘンと姉妹都市の提携を結んでおり、その年は、ミュンヘンからサッカーの選抜チームを迎え、札幌選抜との親善試合やホームステイを通して両都市の交流を図るイベントがあったのです。

ミュンヘンの選手は札幌選抜との親善試合をした後、二人ずつ各家庭に分かれてホームステイすることになっており、僕の家もその一軒にエントリーしていました。うちにはアレックスとディディという二人の選手が来ました。他の選手はみなドイツ語しか話せなかったようですが、アレックスは、もともとアメリカからの移民だったらしく、英語が話せたので、両親とは英語で会話をしていました。僕も学校の先生に英語を教えてもらったり、辞書で調べたりして、アレックスにいろいろ話しかけ、彼が帰った後も文通をしたりしました。

彼らを通して見えてきたのは、「世界のサッカーは、日本のサッカーよりすごいらしい」ということでした。当時の日本には、Jリーグも当然なく、実業団で構成された日本サッカーリーグしかありません。小学生の僕は、日産自動車サッカー部の木村和司さんや、水沼貴史さんにあこがれていて、卒業文集にも「将来はサッカーで日産自動車に入りたいです」と書いたくらいです。

ところが、日本のサッカーは野球に押されっぱなしで、ほとんど盛り上がっておらず、テレビで試合を目にすることもたまにしかありませんでした。一方、世界のサッカーはどうやらそうではなく、ヨーロッパのリーグには、たくさんの大人たちが熱狂するチームや選手がいることを知ったのです。

サッカーとアイスホッケーを掛け持ちでプレーしていた僕は、どちらもチームの中で頭角を現し、札幌選抜に選ばれるようになっていました。将来の夢や、自分の未来像をおぼろげに考え始めていた僕は、いずれどちらかを選択しなくてはならないことにうすうす気づいて

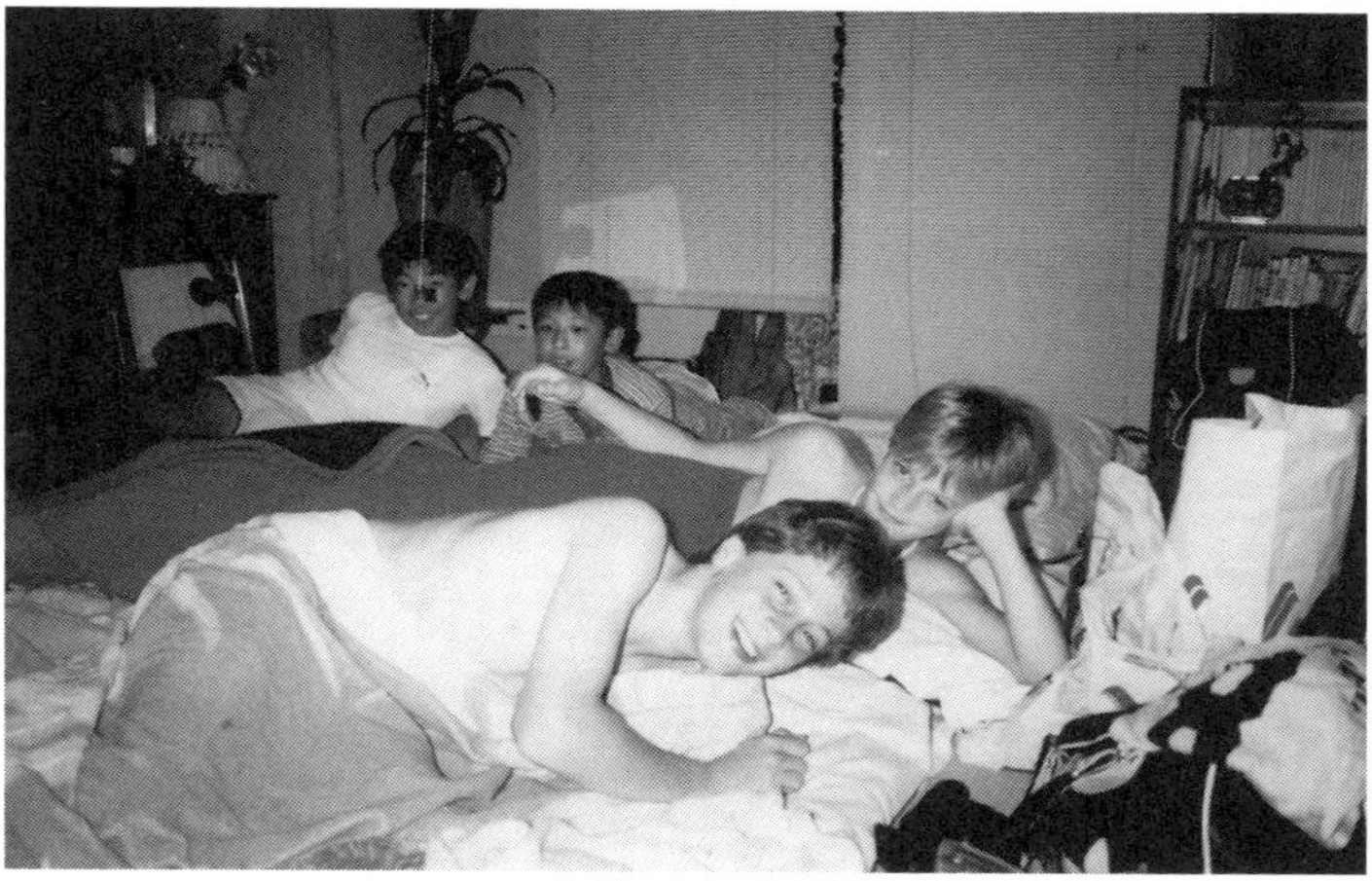

うちにホームステイしたミュンヘン選抜の少年たち。手前がディディ、奥がアレックス。

いましたし、本当に好きなのはどっちなのか、向いているのはどっちなのか、考えるようになっていました。

そんなタイミングで、サッカーのU－12の日本代表候補として合宿に呼ばれるというチャンスを得ます。ところが、そこで感じたのは、全国トップレベルの選手と、自分の技術の埋めがたい差でした。

「やるからには一番を狙う」

これが僕の子どもの頃からのモットーです。アイスホッケーはすでに頂点を経験したけれど、サッカーはどうか。自分の所属しているチームは札幌では強いけれど、全国で戦えるほどではない。ならば、もっと一生懸命サッカーに取り組んで、合宿で会った人たちに負けないように頑張るべきではないのか……。

その瞬間、僕はアイスホッケーではなく、サッカーで一番を目指す道を選んだのです。

あえて自分に厳しい選択をする

小学校三年生で始めたサッカーとアイスホッケーは、両方とも中学まで続けました。すると、高校進学のタイミングになって、アイスホッケーの強豪校から次々とオファーがきました。中には、夏はサッカー部、冬はアイスホッケー部で活動してもよいという条件を提示してくれる高校もあったくらいです。しかし、高校に進学したらアイスホッケーではなく、サッカーをすると決めていたので丁重にお断りし、サッカーの特待生として迎えてくれる高校に行くことにしました。その頃、高校サッカーの北海道代表といえば、室蘭大谷高校。そのままそこへ進学し、レギュラーになりさえすれば、ほぼ全国大会の切符は手にできます。ところが、僕はあえて万年二位だった兄弟校の登別大谷高校を選びました。そして、「自分が全国大会の扉を開く」と心に誓ったのです。

僕が登別大谷高校へ進学すると聞いて、ほとんどの人が、「室蘭大谷の間違いではないのか？」とか、「どうして登別なんだ？」と聞いてきました。しかし、自分の中ではきちんと理屈が通っていました。なぜなら、優勝が約束されているようなところへ入るよりも、自分の力で万年二位のチームを優勝に導いたほうが、やり甲斐も達成感もあるからです。今振り返ると、さすがに自分でも無謀なチャレンジだったと思うのですが、とにかく当時の僕はそれに高校三年間を賭けると決め、自分の心の甘えを断ち切るために、親や周りに「おれは登別大谷で全国へ行く！」と宣言してしまいました。

結果的には、一年生ではレギュラーになれず、チームも敗退。二年生でレギュラーになれたものの全道制覇は逃し、三年生の時に念願の全道制覇、登別大谷高校初の全国高校選手権大会出場を果たしました。

そもそも札幌の出身なので、普通に考えたら札幌の高校でサッカーの強いところに行くのがセオリーだと思います。しかし、自分の中にはサッカーをやる以上、北海道で優勝したい。それも、優勝がほぼ約束されている高校ではなく、自分たちの力で成し遂げられる高校に行きたい、という強い思いがありました。ただ、登別は札幌に比べたらだいぶ田舎です。そこで僕はこう考えました。自分の性格上、札幌の高校に行ったら、サッカーもやるだろうけれど、部活が終わった後は友達と遊びに行ったり、彼女とデートしたり、ごはんを食べたり、映画を観に行ったりして、きっとサッカーがおろそかになってしまうだろう。ならば、あえて田舎に行き、自由な行動の取れない寮に身を置いて、サッカーしかない生活を送ったほうがいい、と。

思い返してみると、こういった「あえて自分に厳しい選択をする」考え方は、子どもの頃から習慣化していたようです。というのも、僕の親は小さい頃から「ああしなさい」「こうしなさい」ということを言わず、「自分の好きなことをしなさい」「よく考えて自分でやりなさい」と、僕の考えた結果を尊重してくれる人たちでした。そう言われてしまうと、かえって中途半端な結論を出したり、途中で投げ出したりすることができなくなるから不思議です。子どもの頭なりに、ちゃんと最後までやり遂げる方法を考え、それを実行に移す癖がついたのは、親のおかげです。そして、今アジアでサッカーを続けていく中でも、この思考パターンはとても役立っています。

親に「途中で絶対に投げ出さない」と約束し、札幌から約百二十キロ離れた場所で寮生活がスタートしました。サッカー部の兼田謙二監督の指導はとても厳しく、一年生の僕は全く試合に出られませんでした。試合に出るためには、登録メンバー二十名の中に入らなくてはならないのですが、僕はそのボーダーラインのあたりをウロウロしていたからです。しかも、二十名の枠の中には、あきらかに「大人の事情」で入っている選手もいて、当時はそれに納得がいかず、鬱屈した気持ちを抱えながらグラウンドに出ていました。しかしある時、「そんな選手たちが気になっているのは、まだ自分の実力がボーダーラインすれすれにいるからじゃないか。もっとうまくなって、ぶっちぎりのレギュラーになってしまえば、彼らのことなど気にもならないはずだ」と気がついて、そこから一気に気持ちを切り替えました。その日から毎日三年間、一日も休まず一人で朝練習をするようにしたのです。

練習の成果がすぐに現れるほど世の中は甘くありませんが、欠かさず毎日朝練習を続けている姿が監督の目に留まったのか、二年生で試合に出られるようになりました。能力に応じたレギュラー入りというよりは、「毎朝頑張っているから試合に出してやろう」という監督の温情だったんじゃないかと思います。しかし、試合に出させてもらえさえすれば、あとは結果を残していくだけです。そこから更に貪欲にサッカーに取り組んで、不動のレギュラーの座を二年生で手に入れました。残念ながら二年生の高校サッカー選手権北海道大会は決勝までたどり着けず、敗退。高校最後の三年生で臨んだ第七十二回大会で、ついに北海道大会を制し、全国大会初出場の切符を手にしました。奇しくも北海道大会の決勝戦の相手は室蘭大谷高校。僕は自らの決勝ゴールで常勝の兄弟校を破り、中学校三年の進路決定の際に口にした誓いを、現実のものとしました。全国大会では三回戦の東福岡高校に敗れたものの、この試合で放ったミドルシュートが大会のベストゴールに選ばれ、遅ればせながらサッカーでも全国区の仲間入りを果たすことができたのです。

登別大谷高校が高校選手権全国大会へ進んだのは、これが最初で最後でした。というのも、二〇一三年三月に室蘭大谷高校と統合され、廃校になってしまったからです。サッカー部最後の公式戦は僕も観戦し、兼田監督の最後の采配を見つめました。監督がいなければ、今の僕はないし、登別大谷がなければ、プロサッカー選手としてこの年までプレーを続けることはできなかったと思います。その場所がなくなってしまったのは、とても切ないことでした。また、海外でプレーする自分にとっては、オフで帰国した時に顔を出し、コンディションを保つこともできる大切な拠点でもありました。心のふるさとであり、体のベースキャンプでもあった母校を失ったことは、後に、アジアでサッカーをして生きていく選手たちのケアを担う〝チャレンジャス・アジア〟設立へのきっかけにもなっています。

さて、高校卒業後にJリーグへ進むという道もありましたが、何かあった時に潰しがきくようにと思い、全国大会の前に仙台大学への進学を決めていました。僕が通っていた当時の仙台大学は体育大学だったため、最悪の場合は体育の先生になって生きていこうという考えだったのです。サッカーを続けながら、きちんと教育実習にも行き、無事に履修もできたので、プロサッカー選手としては割と珍しく、僕は体育教師の教員免許を持っています。

解雇を言い渡された瞬間は頭の中が真っ白

日本プロサッカーリーグ、いわゆるＪリーグが開幕したのは一九九三年、ちょうど僕が高校生の時でした。一部リーグのみの十チームしかなく、選手として入るのは非常に狭き門でした。

実は、高校三年生の夏、兼田監督に「Ｊリーグに行きたい」と言ったことがあります。しかし、まだ全国大会出場も決まっておらず、これといった結果も残せていなかったため、「おまえじゃむりだ」と即答されました。兼田監督はサッカーに関してはとても厳しい人で、練習などで思うように体が動かない時に「体の調子が悪い」と言おうものなら、「それがお前の実力だ」とばっさり切り捨てられたことをよく覚えています。そんな監督が即答したわけですから、しょうがないなと、監督が勧めてくれた仙台大学のセレクションを受けに行きました。受験者は五百人もいて、とてもじゃないが、これは難しいと思っていたところ、わずか五名の合格者に選ばれたので、そのまま進学することになったのです。

その時、Jリーグに進んでいたとしたら、また別の人生があったのかもしれません。というのも、Jリーグ発足からしばらくたつと、ある種のバブルみたいになってしまい、高卒の選手が大量に採用されたのです。中には、契約金と報酬でいきなり高級車を買って乗り回すみたいなこともちらほら聞こえてきました。これはまずいということで、契約のルールが見直されたのが、ちょうど僕の大学卒業時期でした。高校卒業当時の甘い採用期間から一転、大学卒業時には多くの選手がJリーグへ行けないという氷河期を迎えてしまったのです。しかも、当時は大卒と高卒とで給料にも大きな開きがあったため、採用するなら給料の安い高卒のほうがいいということで、大卒のサッカー選手には非常に厳しい時期でした。ちなみに今は、年俸や契約金の高騰をなるべく抑え、クラブの経営を安定させる目的で、年俸の上限や人数制限を設けたA契約、B契約と、試合出場時間数が一定の基準に満たない選手が契約できるC契約の三種類が用意されており、大卒の選手でも採用されやすくなっています。

卒業後は地元札幌のコンサドーレ札幌に入りたかったのですが、その年の大卒採用はないと言われ断念。十一月にあったインカレでも初戦で福岡大学に敗れてしまい、どこからもオファーをもらうことができませんでした。プロサッカー選手になることを諦め、体育の教師として部活でサッカーを教えて生きていくことも考えないといけないのかな……そう思い始めた矢先《やさき》、知人の紹介で、ブランメル仙台のセレクションに参加するチャンスを得ました。ブランメル仙台とは天皇杯の予選で戦って敗れたものの、仙台大学の一点は僕がカウンターで決めたゴールでした。それを見ていたブランメル仙台の当時の監督が僕のことを覚えていて、人づてに連絡が来たことでセレクションの扉が開いたのです。僕はセレクションでしっかり結果を残すことができ、さらに他大学のサッカー部監督からの推薦もあって、一九九八年、ブランメル仙台でプロサッカー選手の道を歩み始めました。

ブランメル仙台は二年目にＪ２に上がり、チーム名をベガルタ仙台に改称。Ｊ１昇格を目標に掲げたチームの士気は目に見えて上がっていました。僕はルーキーとして入った一年目、開幕戦からスタメン出場し、リーグ戦二十三試合に出場。二ゴールを決めるなど順調な滑り出してしたが、二年目は開幕戦からケガのために出遅れていました。リーグ戦前半の不調を理由に監督が交代し、ケガから復帰した僕にも出場の機会が巡ってきます。期待にしっかり応えなくてはいけない。そう意気込んで迎えた久しぶりのスタメン出場は、ホームの仙台スタジアム（現ユアテックスタジアム仙台）でした。

八月に入り、仙台でも連日二十五度を超える夏日が続いていました。いつもより早めに布団に入った僕は、翌朝、カーテン越しに入ってくる太陽の光に気づいて目を開けます。

「やけに明るいな」

時計に目をやると、針はクラブハウスの集合時間をさしていました。

慌ててマネージャーの携帯に電話をしましたが、万事休す。

「もうこなくていい」と冷たくあしらわれ、一か月の自宅謹慎の後、練習には参加させてもらったものの、試合に出してもらうことはできず、その年に解雇となりました。チームには何度も謝りに行きましたが、以前にも寝坊をしていたことや、前シーズンＪ２最下位を立て直すために監督が替わったタイミングだったこともあり、こいつよりも、真面目で若い選手をとったほうがチームの戦力になるだろうと判断されたのかもしれません。いずれにせよ、「寝坊でプロサッカー選手がクビ」というのは、その後の自分に大きなショックと影響を与えたことは間違いありません。特に、解雇を言い渡された瞬間は、本当に頭の中が真っ白になりました。これからもきっと忘れることはないでしょう。

サッカーで作った借りは、サッカーでしか返せない

今思い返してみると、ベガルタ仙台に入るまで僕は本当の意味での挫折らしい挫折を経験したことがありませんでした。小さな困難や、ある程度の苦しみみたいなものはありました

が、壁にぶつかってもその壁を乗り越えると、大きなボーナスが手に入り、さらに次の道が見えるという感じだったのです。その状態が当たり前になってしまっていたのでしょう。サッカーだけやっていれば、自動的に道が開けてくるわけですから。

他の人が簡単に手にすることができないポジションにいることも忘れ、居心地のいい環境に甘えていたのかもしれません。

自分にとってサッカーはあまりにも身近で、あるのが当たり前だと思っていただけに、解雇されてからの自分は、頭も心も空っぽでした。他のチームに移籍してサッカーを続けることも考えましたが、解雇の理由が理由であるだけに、オファーもないし、そういう噂は広まるのも早いものです。この後、何をやったらいいのか、完全にわからなくなってしまいました。当時の自分は、今から考えたら本当に何も自分でできない人間になっていて、電話一本かけて「サッカーの練習をさせてください」とか「どこかチームを紹介してください」と他人に頭を下げることすらできなかったのです。

所属するチームがなくなった喪失感とプライドだけが残り、抜け殻のようになった自分がそこにいました。

仕方なく札幌へ戻りましたが、実家で両親と一緒に暮らしていたので、毎日が針のむしろに座る心持ちでした。親の視線は痛いし、状況をよく知らない周りの人たちからは「いつテスト行くの？」とか「次のチームは決まった？」とか善意で声をかけてくれるからです。さすがにこのままでは体がなまってしまうと思い、札幌のアマチュアのサッカーチームに所属してみましたが、給料が出るわけではないので、何らかのアルバイトをしないと生活ができません。貯金を切り崩しながら生活するのも段々厳しくなってきて、アルバイトを始めてみましたが、バイト先へ向かう途中で車をぶつけてしまい、修理代の分でいきなり赤字……という具合でした。解雇のきっかけとなった寝坊のシーンがフラッシュバックすることもあって、その度に、お酒を飲みに行ったり、友達に会ったりして気を紛らわそうとしましたが、全部ダメでした。

結局、サッカーで作った借りは、サッカーで返さないかぎり前へは進めないんだと気づいて、再び現役でサッカーを続ける道を探り始めます。ここまで、解雇されてから約一年の月日がたっていました。

ある日、たまたま手にしたサッカー雑誌の記事に目を奪われます。そこには、シンガポールのサッカーチームが外国人選手を探していると書いてありました。シンガポールは大学三年生の時に家族旅行で行ったことがあり、人や街の雰囲気も知っていたので、そこでサッカーを続けられるなら、それもいいかと、久しぶりにポジティブに捉えている自分がいました。小学校の時、ミュンヘンの選抜チームと札幌でサッカーをした後、「僕もいつか海外でサッカーをしたい」と願った気持ちを思い出し、これは夢をかなえるチャンスかもしれないと、テストを受けることにしたのです。

二〇〇〇年の十二月、町田で行われたテストには、アマチュアや大学生など、総勢三百名ものサッカー選手が集まりました。アジアのチームにこれだけの日本人が集まったことに驚きましたが、サッカーで作った借りを返すためには、今ここにある細いサッカーとの縁を再び自分に結びつけなくてはなりません。僕は新しい夢をつかむべく、自分の持てる力を十分発揮し、合格者十名の中に残りました。ところが、合格したのにもかかわらずシンガポールまでの交通費などは自腹だと知らされました。少し考えましたが、ここでプロになるチャンスを失うわけにはいかないと思い直し、シンガポールへ飛んだのです。

シンガポールに着くなり、日本人の候補メンバーの中から僕と渡邉一平（元日本代表ディフェンダー）さんの二人だけチームのポロシャツを着させられ、記者会見に臨みました。それなりに注目を集めていると感じ、必ず採用を勝ち取るぞと思ったのもつかの間、僕だけが呼び出されました。

「うちのチームには元オーストラリア代表のミッドフィルダーがいるから、同じポジションの君は採用候補から外させてくれ」

練習に参加することもできず、いきなり選考外となってしまったのです。あまりに急であっけにとられるしかありませんでしたが、日本でみんなに「シンガポールでサッカーをしてくる」と言って出てきた以上、引くに引けません。そこで、コーディネーターに「いろんなチームを見てみたいから、練習だけでも参加させてもらえるチームはないだろうか？」と頼み、探してもらうことにしたのです。

すると、シンガポールリーグのクレメンティ・カルサというチームが、下部組織として日本人学校の生徒たちを主な対象にした少年サッカーチームを作ろうとしており、そこへコーチとしてきて欲しいという打診を受けました。下部組織とはいえ、練習場所はクレメンティ・カルサが使っているスタジアム。移籍先の候補としてクレメンティ・カルサも狙っていましたし、ほかのチームのトライアル、いわゆる入団テストを受けてもかまわないという話だったので、それならいいだろうと引き受け、いったん帰国することにしました。

僕がシンガポールに行ってサッカーをすると言った時、十人中九人は「何しに行くんだ？Jリーグでもう一回探せよ」と真顔で心配してくれました。しかし、当時の僕には「これからのサッカーはヨーロッパや南米だけでなく、必ずアジアの時代が来る」と、確信に近い変な自信があったのです。ただし、その道は平坦ではないことは容易に想像できました。だからこそ一、二年で帰ってきたとしたら「ほら、やっぱりアジアでサッカーなんて無理なんだよ」と言われてしまう。ならば言い出した以上、十年は帰ってこないくらいの気持ちで飛び出ていこう。サッカーとアジアで心中するくらいの気持ちでやり遂げよう。そう固く心に誓いました。そして、自分の甘さから生まれる過ちを繰り返さないため、最低限の荷物と現金だけを持って、日本を後にしたのです。

マレーシアのペナン(ペナンFA)と契約を結んだ時は、
報道陣の前で契約書にサインをする公開契約だった。

2

プロ
として
生きる

「稼ぐ」
ということの
難しさと
僕なりの考え方

一年一か国、十年で十か国でプレーする

わずかな荷物と、数千ドルの現金だけを持ち、再びシンガポールに戻ってきた僕は、クレメンティ・カルサの下部組織である少年サッカーチームでコーチを務めながら、プロサッカー選手として働く先を探すことにしました。シンガポールのサッカーリーグは副業が認められており、むしろ、東南アジア屈指の経済立国ということもあってか、中華系の選手はほとんどが会社勤めをしていたり、何かしらのビジネスを展開していたりしました。中には弁護士やＩＴ企業、大手の旅行会社に勤務している選手もいたほどです。サッカーを専業にしているのはマレー系やインド系のシンガポール人、後は外国人選手という具合で、中華系の選手からは、どこかバカにされているような雰囲気すら漂っていました。そのため、他に少年サッカーチームのコーチという副業のあった自分にはかえって好都合だったのです。

シンガポールで忘れられないのは、日本とアジアとの違いを痛切に感じた、契約にまつわるエピソードです。

外国人を含めたサッカー選手がチームを移籍するには、トランスファー・ウィンドウ（Transfer Window）という、特定の期間内でなければならないのですが、その間に僕が参加した、あるチームのトライアルでの出来事です。その日、チームのオーナーから直接声をかけられた僕は、練習後、スタジアムに来るように言われました。眼下のピッチでは、さっきまで一緒にボールを蹴っていたチームの選手たちが戦っています。その試合をスタンドから眺めながら、オーナーは僕にこう言いました。

「あそこにオーストラリア人の選手がいるだろう？　助っ人外国人として雇ったんだが、どうも成績がふるわない。あいつをクビにして、お前を入れようと思うんだが、給料はこれくらいでもいいか？」

選手たちが一生懸命サッカーをやっている中、ひとりのサッカー選手の運命がこんなにも簡単に変えられようとしている。その事実に驚くとともに、彼と同様、僕もまたひとりのサッカー選手として常に同じ立場に立たされることを実感したのです。ちなみにその選手は、僕が入団テストを受けることなく追い出されたチームにいた、あの元オーストラリア代表選手でした。

僕の驚きはそれだけでは終わりませんでした。

やっとプロに復帰できると安堵した瞬間、入れ代わりにやめさせられることになったオーストラリアの選手が強烈なロングシュートを放ったのです。ボールはキーパーの手に触れることなく、ゴールネットへ突き刺さり、その後の彼はまるで別人のように、試合を引っ張っていきました。チームの練習に新しい外国人選手が参加するということは、誰かがやめさせられるというサインでもあるので、彼は男の意地を見せたのかもしれません。まるで僕たちの会話を聞いていたかのようでした。彼の活躍によってチームは勝利し、残留が確定。僕の契約話もその場で消えてしまいました。

「さっき契約すると言っていたのに……」
納得のいかない僕は当然オーナーに迫りましたが、「すまん、状況が変わった。この話はなしにしてくれ」の一点張り。後に、こういうケースはアジアのどの国でもあることを思い知るのですが、日本から出てきたばかりの僕は、まだ日本の「常識」から抜けきれずにいたため、「日本だったら絶対ありえない」とやり場のない怒りを抱え、スタジアムを後にしたのです。

その他にも契約寸前で移籍がフイになる経験が重なり、結局、ウッドランズへの入団が決まったのは、シンガポールに来てから五か月の月日がたっていました。月の給料は三十万円。そこにプール付きの豪華なコンドミニアムへの入居と、日本への往復飛行機チケットをオプションとしてつけるという契約でした。

ウッドランズとの契約が決まっても、クレメンティ・カルサの少年サッカーチームのコーチはやめずに続けました。日本だったらJリーグの一チームでプレーしながら、別のチームの下部組織でコーチをするというような感じですが、シンガポールではそういったことはあまり頓着しないので、二つのチームを行き来して過ごしました。少年サッカーチームには、後にU－22日本代表となる杉本竜士選手もいて、最近彼から連絡がきた時は本当にびっくりしました。

さて、ウッドランズへはシーズン途中で参加し、怒濤のような日々が過ぎ去りました。終わってみればリーグ最下位という惨憺《さんたん》たる結果。はじめてのアジアの国で戦い続けることのハードさは予想以上でした。それは、言葉や文化、食生活など、環境面の違いに由来するものだけでなく、常に〝助っ人外国人〟として結果を求められる、プレッシャーとの戦いでもあったからです。その割に、サッカー以外の時間は日本人のグループとばかり過ごしていて、英語もほとんど話せるようにならず、現地の友達も全くできませんでした。

これはまずい。せっかくアジアに出てきたのに、やっていることが日本にいる時と変わっていないじゃないか……。

自分の振る舞いを振り返り、僕は自分を変えていくことにしました。まずは、積極的に現地の人たちと関わりを持つことにしました。シンガポールには、中華系、インド系、マレー系のほか、いろんな国から来ている人たちがそこら中にいます。多国籍の人たちとの関わりは自分の世界を広げてくれ、そしてサッカーの話をしてみれば、香港やマレーシアなど、周りの国々にもたくさんのリーグがあることがわかりました。

アジアでサッカーをしながら暮らしていく。思い出してみれば、これは「いろんな国に行き、海外に住んでみたい」という子どもの頃の夢と合致します。ちょっと数えただけでも、アジアには相当の数の国とチームがあります。早速、「一年で一か国ずつ、十年で十か国でサッカーをプレーする」ことを目標にすえました。

目標が定まったら、すぐブログに書き、まずはファンの人たちに公言して自分の退路を断ちました。さらに、メディアの取材にも「足が折れても十か国に行きます」と答え、次の国へ移籍しなくてはにっちもさっちもいかない状況を作ったのです。

「さて、どこへ行こうか」

そう考えた時、まっ先に頭に浮かんだのは、例の元オーストラリア代表選手でした。彼とは最初の出会い以降、いろんなところで縁があり、同じポジションのライバルでありながら、公私ともにとても仲よくしてくれた一人でした。人づてに彼がオーストラリアに戻り、あるチームの監督になっているということを聞き、そこを移籍先にしてみようと思い立って電話をしてみたのです。

「おお、イトー元気か？」

いつもの通り、明るく電話に出た彼に、こちらの状況と移籍の話をしてみたところ、いつでも来てくれと二つ返事がきました。

僕が〝アジアの渡り鳥〟として、アジアの国を行き交うようになったのは、まさにここからでした。

以後、ベトナム、香港、タイ、マレーシア、ブルネイと、移籍を重ねていくに連れ、サッカーのレベルだけでなく、自分を自分で売り込む力もついていきました。というのも、シンガポールでは通訳も兼ねてコーディネーターを頼んでいたのですが、彼らの仕事ぶりをずっと横で見ていて、これなら自分でもできるかもしれないと、それ以降のリサーチや交渉ごとの一切を自分でやることにしたからです。オーストラリアのウエストゲートは監督から直接のオファーだったため、契約書もマネージャーが紙に殴り書きしたメモ程度しかありませんでしたが、次の国のベトナムからは自分でトライしてみました。移籍先のセレクトから、トライアル、契約交渉、契約にいたるまで、すべてを一人でこなす、現在のスタイルはそこから誕生し、いろんな国とチーム、人々にもまれながら、磨かれてきたのです。

二〇一五年十月現在、アジアの滞在国数は十七か国。日本も含めれば、アジア十八か国でサッカーをしてきた計算です。ここでは、自分がたどってきた日本以外の十七のアジアの国を、自分なりに分類して紹介したいと思います。外国人枠や人数、参加条件などは、年によって変わっていくので、現在は違っているかもしれませんが、そのあたりも含め、あくまで僕が経験してきた情報としてご覧いただければ幸いです。

	外国人選手の平均月給※5	ひと月あたりの生活費※6	住んでいた場所※7	インターネット環境※8	現地で好きだった料理	人々の性格	契約にまつわるエピソード
	30万円	8万円	3ベッドルームのコンドミニアムにルームシェア(プール、ジム、テニスコートなど完備)	☆☆☆☆☆	ラクサ	平和主義	契約寸前で2度破談となり(それぞれ別のチーム!)、3度目の正直で契約。
	15万円	10万円	ビジネスホテルに一人暮らし	☆☆☆☆	オージービーフ	大ざっぱ	契約書が存在せず、紙切れに殴り書きで契約内容が書かれていた。
	40万円	4万円	スポーツコンプレックス内のホテルに一人暮らし(天然芝のピッチ2面、プール、ジム、マッサージ店、レストラン、インターネットカフェ、ビリヤード場など完備)	☆☆	フォー	勤勉	給料がベトナムの通貨(ベトナムドン)の現金にて支払われる契約だった。インフレだったこともあり、毎回物凄い量の札束をタコ糸で結び新聞紙に包んで渡されていた。
	40万円	12万円	2ベッドルームのマンションに一人暮らし	☆☆☆☆☆	飲茶	世話好き	宿泊していたゲストハウスのオーナーに通訳してもらい、ゲストハウスのロビーで契約。
	50万円	6万円	1ベッドルームのコンドミニアムに一人暮らし(プール、レストラン、コインランドリーなど完備)	☆☆☆☆	トムヤムクン	楽観的	最終戦後に活躍を認められ?特別ボーナスを貰った。
	50万円	7万円	3ベッドルームのコンドミニアムに一人暮らし(プール、ジム、テニスコート、ビリヤード場、卓球場、レストラン、コンビニ、レンタルビデオ店など完備)	☆☆☆☆	ナシゴレン	フレンドリー	多数のテレビ、新聞関係者を集めての公開契約だった。
	プリンスとの約束により非公開	8万円	4ベッドルームのマンションに一人暮らし	☆☆☆	アンブヤット	温和	給料が週払い。さらにチームからポルシェが支給される契約だった。

ど(住居費は別)　※7:住居の費用はチームが負担する場合や、月給の中から自分で払う場合など、契約ごとに異なっています　※8:5つ星評価

伊藤壇が渡り歩いてきたアジア各国の違い

	国名	リーグのレベル※1	在籍チームと滞在年	契約期間と試合数※2	1チーム内の在籍外国人選手数※3	同じチームに在籍していた外国人の国籍※4
1	シンガポール	☆☆☆	ウッドランズ・ウェリントンFC（2001）	3～11月（リーグ戦27試合＋カップ戦）	5人（アジア枠なし）	クロアチア2人、ブラジル1人、リベリア1人
2	オーストラリア	☆☆☆☆	ウエストゲートSC（2002）	4～8月（リーグ戦20試合＋カップ戦）	無制限	ガーナ1人
3	ベトナム	☆☆☆	サイゴン・ポート（2003）	1～9月（リーグ戦26試合＋カップ戦	2人（アジア枠なし）	ロシア3人、ナイジェリア1人
4	香港	☆☆☆	傑志（2004） 屯門体育会足球隊（2008）	9～5月（リーグ戦18試合＋カップ戦）	4人（アジア枠1人）	傑志…セルビア1人、ブラジル2人、インドネシア1人、中国6人 屯門体育会…ブラジル1人、ナイジェリア1人、オーストラリア1人
5	タイ	☆☆☆☆	オーソットサパーFC（2004）	2～12月（リーグ34試合＋カップ戦）	4人（アジア枠1人）	自分のみ
6	マレーシア	☆☆☆	ペナンFA（2005）	2～8月（リーグ戦22試合＋カップ戦）	3人（アジア枠1人）	ロシア1人、ブラジル1人
7	ブルネイ・ダルサラーム	☆	カフFC（2005-2006） ブルネイDPMM FC（2006） カフFC（2007-2008）	不定期	現在はローカル選手のみ（現地で働いている外国人はプレー可）	カフ…カメルーン1人 DPMM…クロアチア1人、カメルーン1人

※1：Jリーグを☆5つとした場合　※2：そのシーズンによりレギュレーションが変わることが多々あります　※3、4：所属していた当時と現在では外国人枠の登録人数が違う国もあります　※5：リーグ全体の外国人選手の平均。月給は選手のレベルやクラブの経営状況により、上下の幅があります　※6：食費、交通費、交際費な

	外国人選手の平均月給	ひと月あたりの生活費	住んでいた場所	インターネット環境	現地で好きだった料理	人々の性格	契約にまつわるエピソード
	25万円	6万円	ゲストハウスに一人暮らし	☆☆☆	マスリハ	好奇心旺盛	優勝したら数日間リゾートの水上コテージに泊まれる契約にしてもらう。
	15万円	10万円	1ベッドルームのマンションに一人暮らし	☆☆☆☆☆	ポークチョップ	のんびり	隣の香港での活躍を知って、チームからオファーがきた。
	60万円	6万円	2ベッドルームのマンションに一人暮らし	☆☆	バターチキンカレー	マイペース	契約書に「シーズン中は酒を飲んではいけない」と記載されていた。
	30万円	4万円	ゲストハウスに一人暮らし	☆	モヒンガー	シャイ	ストリートサッカーに混じって情報を得てチームと契約にこぎつける。ところがミャンマーのリーグでは「契約を結ぶには代理人が必要」というルールがあったため、契約時にアフリカ人代理人の名前を借りた。
	20万円	3万円	ビジネスホテルに一人暮らし	☆	モモ	包容力がある	契約時にチームのルーツである山奥の村マナンまでトレッキングに行きたいと言ったところ、チームがサポートしてくれた。
	6万円	4万円	ゲストハウスに一人暮らし	☆☆	アモック	慎重	ゲストハウスに立て替えていたお金がチームから支払われず「今週末までに支払ってくれなければ試合に出ない」と言ったら、すぐに支払われた。
	20万円	4万円	1ベッドルームのコンドミニアムに一人暮らし(プール、ジム、ビリヤード場、レストランなど完備)	☆☆☆	レチョン	寛容	給料を貰った後のサインを書く場所がiPadだった。
	13万円	4万円	寮に一人暮らし(体育館、ジムが完備)	☆☆	ホーショール	仲間意識が強い	チームから契約書がメールで届き、そこにサインをしてメールで返信。契約成立。
	10万円	4万円	2ベッドルームのマンションにルームシェア	☆☆	ラープ	素朴	練習に参加したら貰えるという練習給の制度があった。
	8万円	3万5千円	ゲストハウスに一人暮らし	☆	エマダツィ	純粋	Facebookのメッセンジャーを使い契約交渉をした。

	国名	リーグのレベル	在籍チームと滞在年	契約期間と試合数	1チーム内の在籍外国人選手数	同じチームに在籍していた外国人の国籍
8	モルディブ	☆☆	クラブ・バレンシア(2006)	3～10月(リーグ戦14試合＋カップ戦)	4人(アジア枠1人)	スウェーデン1人、ウガンダ1人
9	マカオ	☆	名門世家加義(2009)	1～6月(リーグ18試合＋カップ戦)	4人(アジア枠なし)	カメルーン2人、ポルトガル2人、中国3人
10	インド	☆☆☆	チャーチル・ブラザーズSC(2009-2010)	1～5月(リーグ戦20試合＋カップ戦)	4人(アジア枠1人)	ナイジェリア3人
11	ミャンマー	☆☆	ラカプラ・ユナイテッド(2011)	1～10月(リーグ戦22試合＋カップ戦)	4人(アジア枠1人)	カメルーン1人、ナイジェリア1人、リベリア1人
12	ネパール	☆☆	マナン・マルシャンディFC(2011-2012)	新リーグ設立のため日程は決まっておらず	3人(アジア枠なし)	カメルーン3人
13	カンボジア	☆	ビルド・ブライト・ユナイテッド(2012)	7～12月(リーグ戦22試合＋カップ戦)	3人(アジア枠なし)	ナイジェリア2人
14	フィリピン	☆☆	グリーン・アーチャーズ・ユナイテッド(2013)	1～8月(リーグ16試合＋カップ戦)	5人(アジア枠なし)	ガーナ1人、リベリア1人、ナイジェリア2人、韓国1人
15	モンゴル	☆	エルチム(2013)	5～9月(リーグ16試合＋カップ戦)	4人(アジア枠なし)	セルビア1人、ブラジル1人
16	ラオス	☆	ラオトヨタ(2014) ヨッタF.C.(2014)	3～10月(リーグ20試合＋カップ戦)	4人(アジア枠1人)	コートジボワール2人、韓国1人
17	ブータン	☆	ティンプーFC(2015)	3～5月(リーグ戦12試合のみ)	3人(アジア枠なし)	ガンビア1人

結局は「契約できた」か「契約できなかった」の二つしかない

今思えば、海外に出たばかりの僕は、いろいろな人にたくさん騙されていたと思います。幸いなことに、それに気づかなかったり、騙されたことがわかっても、あまり後に引きずらない性格だったりするため、何とか今までやってこられました。

日本の社会は、いい意味で性善説に則って動いているので、「明日電話します」と言ったら、大抵は約束通り、次の日に電話がかかってきます。ところが、外国だと「明日〇〇します」というフレーズ自体が、断ったり逃げたりする時の決まり文句だったりします（笑）。「おい、それはないだろ」と何度も思いましたけど、言っている本人たちからすれば、適当なその場しのぎだったり、ストレートに断ると相手に悪いから、相手を傷つけない（自分が悪者になることを避ける）ために、そう言ったりしているようです。

人種や民族、文化など、多様な背景をもった人々がやり取りする場合は、かえってそうしたほうがいさかいも少なくてよいのかもしれませんが、いかんせん日本人には馴染みのない応対です。

ちなみに、外国で何か物事を決めようとする場合、自分の持っているコネクションを使い、複数同時にあたってみて、その中で一番条件のいいものを選ぶというのが一般的です。複数のお店で品物の値段を比較するのと同様に、人が関わる案件であっても、複数の条件を比較することは珍しくありません。ただ、最終的に一番いい条件を選べば、残りの条件は断らなければならなくなるので、その分、言い訳にも多様なバリエーションがあるわけです（笑）。

日本だとコンペやオーディション、採用面接など、比較した上で採用することを明確にうたっていない場合は、そういった行動を取る人は少ないような気がします。ですから、「壇さん、そろそろ契約決まりそうです」とうれしそうに話してくれる日本人選手によくよく聞いてみると、まだ複数の候補者が残っていたりする。「あれ、大丈夫かなぁ……」と思うと、しばらくしてから「契約できませんでした」という連絡が入ってくるわけです。このパターンは本当によくあります。

なぜこういうことが起きるのかというと、通常、選手が移籍できる期間は決まっているので、選ぶ側の立場にあるチームとすれば、期限ぎりぎりまで粘って一番いい選手を採りたいのです。もちろん、喉から手が出るほど欲しい選手であれば即契約ですが、そうでなければ、何人か候補をキープしておいて、その中で選びつつ、期間内にもっといい選手が来たら、その人と契約しようという腹づもりなんですね。

つまり、複数の候補がいるにもかかわらず、自分にいい言葉をかけてくるというのは、ほとんどの場合「今すぐ契約するほどではないけれど、最後までキープしたいレベル」と思われていると判断していいのです。

日本の感覚からすれば、このタイミングでそんな風に言われたら「他の候補より、自分のほうが少し高く評価されている」と考えるのが普通かもしれません。しかし、日本以外の国は多かれ少なかれ、こういう論理で動いているということは知っておいたほうがいいでしょう。

「すごく評価は高かったんですけど、最終的に条件面で折り合いがつかないと言われて……」と、相手が言ったことをそのまま真に受けて僕に話してくれる度に、また同じパターンだと切なく思います。相手が断る際の〝言い訳〟にもいくつかパターンがあり、例えば「君はすごいいい選手なんだが、うちにもいい選手がいるから今回は採れない」とか「君の給料は高いから、うちのチームでは残念だけれど契約できない」といった断り方は定番中の定番なのです。

相手にどう評価されていようが、不採用の後にどれだけ高評価を口にされていようが、結局はそのチームと契約できたか、契約できなかったのか、二つしかありません。サッカーに限らず、相手に選ばれるシチュエーションであれば、どんなものにでも当てはまる、とてもシンプルな考え方だと僕は思っています。

継続的な取引を行っている関係では、今回ダメなのであれば、次回はその分を……というような、貸し借りの話でまとまる場合もあります。しかし、最後の詰めや駆け引きをすることで早めに契約がまとまるなら、それに越したことはないですし、明らかに契約が取れないとわかっているのであれば、早く次の売り込み先へ気持ちを切り替えたほうが、お互いにとっても時間のムダが省けるメリットがあるはずです。

僕が過去、いろんな国やチームと契約交渉を行ってきた経験で分類すると、契約にたどり着く場合と、そうでない場合は次のような違いがあります。

・自分が相手にとって喉から手が出るくらい欲しい存在だった場合

監督やチーム関係者から頻繁に声をかけられたり、食事に誘われたりするなど、積極的にコンタクトを取ろうとしてきます。また、トライアル期間の途中だったとしても、チームから契約の話が出る場合もあります。これは、あきらかに他のチームに取られたくないということです。

・もうちょっと見てみたい、もしくはキープしておきたい存在だった場合

いい反応や前向きな言葉は出てくるものの、なかなか契約をという話は出てきません。トライアル期間ギリギリまで待たされる場合があります。これは他にいい選手が来たらそっちを採るけれど、来なければ残った人たちの中で決めようというケースです。

・あまり興味のない存在だった場合

契約の話を出すと、「うちは外国人選手がたくさんいるから」とか「君のプレースタイルは他のチームのほうが合っているんじゃないかな」といった、やんわりと断るような反応が返ってきます。トライアル中に自分の実力が出せなかったり、相手のニーズに合っていなかったりする時は、相手も早々に見切りをつけます。

これらの反応は、採用する側の立場に立ってみるとよくわかります。

前述したようにプロサッカーリーグでは、サッカー選手の移籍が可能になる期間が設けてあり、これをトランスファー・ウィンドウと言います。どんなビッグネームであっても、この期間外に移籍することはできず、僕のように海外から契約にこぎつけようとする選手もこの期間しか対応してもらえません。トランスファー・ウィンドウ期間中のトライアルには、世界中から選手が来るので、チーム側も助っ人外国人として、チームを引っ張る大黒柱としての選手を採ろうと必死です。できれば、その選手が入ることで、チームのカラーがガラッと変わるくらいのインパクトがほしいと思っています。

自分がキープされている状態だとわかり、なおかつ、相手にある程度のインパクトを与えていると踏んだ場合、僕は「他のチームのトライアルへ移る」ことを伝えて相手の本気度を測るようにしています。「一年一か国でプレー」を基本方針に置いている以上、その国でサッカーをしようと思ったら、トランスファー・ウィンドウの開いている期間しか移籍のチャンスがありません。「それをムダに使われてたまるか！」というのが根底にあるので、「来週から別のチームに誘われているから、契約するなら今週いっぱいにしてくれ」と言ってみると、コロッと態度が変わって契約交渉に入ることもあります。

もちろん、ダメな場合もありますが、その場合はすぐに気持ちを切り替えて、次のチームの門を叩くようにしています。

妥協せず、きちんと生活できる金額をもらう

いろいろな国でプレーしてきて、何千万、何億円という報酬をもらう選手から、数万円の選手まで、いろいろなサッカー選手を見てきました。報酬の違いは、選手の能力によるものもありますし、チームの財政状況や、その国のサッカーに注ぎ込んでいる投資額によっても変わります。

海外へ飛び出したばかりの僕は、たとえ一円でもサッカーでお金をもらえるなら、それは

プロサッカー選手だと考えていました。「プロ＝自分の能力に対してお金を払ってもらえること」という、とてもシンプルな定義です。しかし、報酬次第ではサッカーだけではとても生活できないので、アルバイトや副業をせざるを得ません。

シンガポール、オーストラリア、ベトナム、香港と、移籍を重ねていく中で、日本でプロになれなかったサッカー選手にたくさん会いました。プロとしてしっかりプレーを続けている人もいる一方、彼らの中には数万円の報酬で契約を結び、シーズンが終わると日本でアルバイトをしている人もいました。日本で二、三十万のお金を貯めると、再び現地に戻ってきて数万円の報酬で契約を結び、貯金を切り崩しながらサッカーを続け、オフシーズンに再び日本へ行くという生活です。これでは長い間サッカーを続けることは難しいですし、なによりサッカーに集中できません。ましてやアルバイトがサッカーに関連していることであればまだしも、全然違う内容だったら、コンディションをキープするのも大変です。

結局、アルバイトをしないとサッカー選手を続けられないような状況はプロとは呼べないのではないかと考え、自分なりのプロの条件を決めることにしました。

第一に、現地できちんと生活できる金額を報酬としてもらうことです。これは、国によって生活にかかるコストが全く違うため、一律に日本円換算するのではなく、衣食住などの現地の物価を事前にリサーチし、その上で月あたりに必要な大体の金額を計算することにしました。第二に、その報酬で試合のないオフシーズンも暮らせることです。サッカーは一年中リーグ戦があるわけではなく、必ず試合のないオフシーズンがあります。この期間もアルバイトなどせずに生活できれば、完全にサッカーの報酬のみで暮らせると言い切れます。それ以降、「サッカーの報酬だけで、オフシーズンも含めて生活できること」という条件を設定し、契約交渉に臨むようになりました。

また、それらの報酬がきちんと払われなければ、サッカーをする必要はないという考え方も海外で初めて経験したことです。というのも、自分の場合は幸運なことに未払いはないものの、給料の支払いが遅れることは日常茶飯事だからです。国にもよりますが、二、三か月遅れることはあまり珍しいことではありません。日本だったら、そもそも給料の支払いが遅れることはそうそうないですし、仮に給料が支払われなかったとしても、契約期間中だからきちんと毎日練習へ行くのがプロフェッショナルだろうという考え方が一般的だと思います。ところが、海外の選手はみな百戦錬磨ですから、二、三か月給料が滞っていると、実力行使に出ます。

マレーシアのペナンにいた時の話ですが、給料の支払いが二、三か月遅れたことがありました。これに怒った選手同士がみんなで集まって「明日から練習をボイコットしよう」と決め、本当に行くのをやめてしまったのです。

「俺たちはプロサッカー選手だから、給料をもらってサッカーをやるのが当然だ。給料が支払われないんだったら、練習に行く必要はない」と。

これを聞いて、僕の考え方はガラッと変わりました。言われてみれば、確かにこっちのほうが正論だと思ったのです。

当然、みんながボイコットした翌日、マネージメントから「なぜ練習に来ないのか?」と各選手に電話がかかってきました。しかし、選手同士で事前に口裏合わせをしておいたので、みんな口々に「給料が支払われないから、ガソリン代もないし行けるわけがないでしょう」と返したのです。すると「わかった。じゃあ、明日半月分払うから、明日から練習に来いよ」と、今まで遅れていた給料が翌日振り込まれました（笑）。

決してお金が無いわけではなく、むしろ余裕で払えるのに、言われるまで遅らせてみたり、半月分にしてみたり、全てにそういった駆け引きがあるのです。

ですから、そういったこともすべて含めて、海外に出てみると、プロフェッショナルとはどうあるべきなのかということについて、真剣に考えさせられます。

口約束は破られるのが当たり前

日本に住んでいると、自分にとっていい話が来た時、即決するケースは意外と少ないのではないでしょうか。特に、会社にいると、「上司に相談してご連絡します」という応対がよくあるパターンだと聞いたことがあります。その条件が組織にとって本当にメリットがあるのかどうか、担当者よりも情報と決裁権を持つ上司が判断するのは、合理的な判断かもしれません。しかし、相手が他の人にもその条件を伝えてしまっていたとしたらどうでしょう。こちらが上司に確認している間に、おいしい話が他の人に行ってしまうかもしれません。

僕がまだ海外に出て間もない頃、シンガポールでこんなことがありました。

あるチームのトライアルに参加していて、練習後にチーム側から僕と契約したいという話になった時のことです。練習後の夜、僕のアパートにチームの契約担当が来て、給料の提示や細かい条件の確認もあった上で、次の日のランチタイムに契約しようということになりました。次の日は午前も午後も練習日だったので、その間のお昼休みで契約をしようということでした。すでに僕もいろんな失敗を経験していたので、もし午前の練習中にケガでもしたらこの話は流れてしまうだろうと警戒して、「ランチタイムではなく、練習前に契約のサインをしたい」と伝えました。

翌朝、朝練の前に契約という段で、パスポートのコピーを忘れていることに気づきました。案の定、パスポートのコピーがないと契約ができないと言われ、午前の練習が終わってから部屋へ戻ってコピーをとることになったのですが、その最中にチームから僕のケータイに電話がかかってきたのです。「悪いが、この契約はなかったことにしてくれ」と。

その間に一体何があったのか、僕は知るよしもありません。ひょっとしたら、僕よりももっと能力が高く、条件のよい選手がトライアルに来ていたのかもしれません。日本なら、一度「契約する」といったら、それが口約束だったとしても、おそらくほとんどの場合は約束を守るでしょう。ところが、アジアでは口約束は破られるのが当たり前です。きちんと契約書にサインをするまで、安心はできないし、信用するわけにはいかないのです。それ以降、さすがにパスポート自体は持ち歩かないまでも、コピーは常にカバンに入れておくようにし、訪れたチャンスをフイにしないよう、気をつけるようにしています。

「明日なんとかする」とか「明日連絡してくれ」という言葉が、相手の逃げ口上であることもよくある話なので、「明日できることを、何で今やらないんだ」と相手にせまり、契約につなげたこともあります。

もちろん相手を不必要に疑うことはよくないですし、信用できる相手や、長い付き合いの相手に突然そういう態度で臨めばトラブルになるかもしれませんが、日本のように条件を提示した側が待ってくれるというケースは、海外、特にアジアの国々の中からみると、レアな状態であるということは伝えたいのです。

海外出張や海外転勤だけでなく、日本国内で海外の人たちと交渉ごとに携わる読者の方がおられましたら、ぜひ頭の片隅に入れておいていただければと思います。

ベガルタを解雇され、札幌蹴球団でサッカーを続けながら、自分について日々考えていた。

3

自分を知る

一番古い
付き合いなのに、
なかなか
わからないのが自分

弱い部分と向き合わなければ、本当の自分の力は手にできない

海外生活も十五年を超え、代理人をたてずに一人で移籍交渉をしている僕は、全く接点のない人から見ると「鋼のようなメンタルを持つ人間」みたいに映るそうです（笑）。もちろん、僕のことを知る人からすれば、それがいかに的外れな評価か皆わかっているわけですが、数字や実績のみが一人歩きすると、人は簡単に虚像を作り出し、それを信じてしまうのかもしれません。

確かに僕は、アジアの国々を「一年に一か国でプレー」という方針で移籍していますが、それは意志が強いから続けているのではありません。むしろ自分の弱い性格を知っているがゆえに、周りの知人・友人、取材先などで「一年に一か国のペースでプレーします」と公言

し、そうしないと自分の立場がなくなるように追い込むことで、何とか今に至っています。

そんな自分の性格を一言で表せば、ずばり「楽なほうに流れる」でしょう。

何でもかんでも楽なほうに流れるわけではないのですが、誰からも注目されていなかったり、約束していなかったりすると、「まあいいか、今度で」と、やめてしまう弱さがあります。これは、子どもの頃からスポーツが得意で、どんな競技でもある程度のレベルまでは特に努力しなくてもできていたことも理由の一つだと思います。もしそのままだったら、きっと天狗になって、札幌のごく狭い地域で得意になり、年をとってもその時の記憶を引きずったまま、それで終わりだったかもしれません。ところが、アイスホッケーでもサッカーでも札幌選抜に入れたことが幸いしました。選抜チームには自分のようにスポーツの得意な子どもがたくさんおり、さらに全国大会へ行ってみれば、自分などはるかに及ばないレベルの選手がしのぎを削っている。つまり、上には上がいるということを思い知らされたのです。

彼らには負けたくない。でも、普通に戦ったら負ける。ならば、自分の弱さを把握しつつ、どうやったら自分の力を最大限発揮できるか、真剣に考えよう。おそらく、小学校時代の僕の思いを言語化したとしたら、こんなことを考えていたのでしょう。

高校進学の際に、地元札幌ではなく、あえて登別大谷高校を選んだのも、サッカーしかない環境に自分を放り込むことで、弱い自分が出てくるすきを与えないようにしたのだと思います。しかも、サッカーで北海道ナンバーワンだった室蘭大谷高校ではなく、あえて兄弟高の登別大谷高校を選んだのです。せっかく退路を断ってサッカーに取り組むつもりなら、いっそのこと全身全霊でサッカーに没頭できるよう、自分で自分を追い込もうと考えた結果でした。

自分の性格を知るということは、言葉で言う以上に大変な作業です。なぜなら、自分のいい部分だけでなく、一番弱くて人に見せたくない部分、できれば自分も知りたくない部分ともしっかり向き合わなくてはならないからです。

「私なんて」とか「どうせ俺なんか」と弱音を吐く人がいます。ところが、一見自分の弱さと向き合っているように見えて、実は自分の本当に弱い部分が傷つかないよう、無意識に予防線を張ろうとして口にしている場合があります。人は誰でも自分のことはかわいいのです。しかし、その弱い部分と向き合わなければ、本当の自分の力を手にすることはできません。

優れた部分や、強い部分は放っておいても出てくるので、それが自分の性格のほとんどだと思いがちですが、弱い部分はその裏で常に出番を窺っています。特に、何かの目標に向かって行動しようとする時ほど、弱い自分をうまくコントロールする必要があります。弱い自分は、得てして目標とは真逆の方向へ向かおうとするからです。

自分の〝天敵〟を利用して弱さを封じよう

僕の両親は、常日頃から「自分でよく考え、自分の好きなようにしなさい。あなたの決めたことは、全力でサポートするから」という人たちだったので、子どもの頃から自分の行動について、いつもシミュレーションしていました。自分の好きなようにと言われても、本当に好きなことだけやっていたら、ダメな人間になってしまうし、親に迷惑がかかってしまいます。子どもの頃の僕は、近所の子どもを束ねて悪さをするガキ大将でしたが、悪戯《いたずら》の度合いも「これ以上やったらまずいだろうな」という線は越えないようにしていました。

さて、そんな僕の弱さは「楽なほうに流れる」ことです。一時はこれを治そうと思ったこともありますが、すぐにやめました。性格の根本的なところと直結しているので、治すのは難しいだろうと容易に想像がつきましたし、そもそも、努力で治るんだったら、とっくに治っているはずだからです（笑）。

そこで、もう少し自分の性格と向き合ってみることにしました。

過去、スポーツや勉強など、いろんなことに挑戦してきて、最後まで結果の出せたものと、なかなかうまくいかなかったものの違いは何だったのだろう？　単に才能や、好き嫌いだけだったのかな……。そんな風に過去の自分を振り返ってみると、うまくいった時のパターンは大体似ていることに気がつきました。それは、「自分が決めた目標を、できるだけ周りに公言していた」ことでした。

自分の性格の中で、「人に言ったことは、ちゃんと守りたい」という気持ちがあります。言ったことを守れなかったり、うまくいかなかったりする時は、悔しさや恥ずかしさといった感情が浮かんでくるので、これはプライドにも直結した、強い信念みたいなものかもしれません。僕は子どもの頃から、自分で考えた方法や約束を親に言い、それをきちんと守ることで、親の信頼を得て、どんどん自分の責任でできることを増やしていきました。たぶん、そういった記憶ともつながっているからなのでしょう。

人に言ったことをちゃんと守るということは、自分の言葉に責任を持つということと同じです。これは海外でサッカーを続けている時も同様なので、時として相手の言動にイラッとすることもあります。なぜなら、海外では自分の言ったことに責任を持つという人たちは少数で、大抵は、その場に応じて、「自分にとって一番いい選択肢を選ぶ」という行動パターンで動いているからです。海外生活が長くなり、海外の人たちとのいろいろなトラブルや失敗を繰り返してきたため、さすがに最近では「人は人、自分は自分」という境地に近づいてきました。

「人に言ったことは、ちゃんと守りたい」という気持ちを、僕は無意識のうちに、自分の弱さである「楽なほうに流れる」のストッパーに使っていたとわかり、それまでにも増して、このパターンを使うようになりました。

フィリピンのアーチャーズ（グリーン・アーチャーズ・ユナイテッド）の外国人選手たちと。

自分の弱さに向き合うことは大変な作業です。そして、それを克服するのはさらに困難な道のりです。逆転の発想かもしれませんが、自分の性格の中にある〝天敵〟を利用し、その弱さを封じるようにコントロールできれば、どれだけ気持ちが楽になることでしょうか。皆さんもぜひ、自分の弱さと対抗できるような〝天敵〟を見つけて欲しいと思います。

自分の評価は、自分ではなく相手がする

僕の専門のポジションはミッドフィルダー（MF）といって、攻撃担当のフォワード（FW）と、守備担当のディフェンダー（DF）の中間に位置し、ディフェンダーからボールをもらい、フォワードへつなぐのが主な仕事です。ミッドフィルダーの中でも、僕はチームの司令塔として、攻撃の流れをつくる、いわゆる「ゲームメーカー」としてのポジションにこだわってプレーしています。というのも、もともと僕は、ドリブルが得意で、日本でプレーしていた時は、自分でボールを持ってゴールを狙ったり、ドリブルで相手のディフェンスをかわし、フォワードへつないだりといった足技で勝負する選手でした。そこで、海外に出て行った時も同じように、自分の得意なところで勝負してみたのですが、アフリカや南米の選手と戦ってみると、ドリブルの技術やスピードは彼らのほうが一枚上手だと気づかされまし

た。彼らと同じ土俵で戦っていては勝ち目がない。ならば、彼らよりも僕がすぐれているところで戦えばいい。そこで、彼らのプレーを冷静に観察してみると、例えば「正確なパスを蹴ること」だったり、「味方の動きを瞬時に判断してパスを出し、ゲームを作ること」といった、丁寧な技術や、全体を俯瞰《ふかん》して見る能力などは、僕のほうが上だとわかったのです。

ドリブルの得意なドリブラーとしてではなく、ゲームを作るゲームメーカーとしてチームにアピールしていこう。幸い、日本にいる時にどちらもやっていたので、すんなり変わることができ、以来、はじめて参加するトライアルや、チームの練習などでは、実際のプレーが始まる前に自分がゲームメーカーであることや、自分の得意なこと、いわゆるストロングポイントを伝えるようになりました。

フォワードやサイドのポジションを受け持つ選手に「僕がボールをもったら、こうやって走ってくれ」とか「君がボールを持ったら、後ろへサポートに入るよ。一度こちらにボールを落としてくれたら、もう一度出すからよろしく」といった具合に、自分がして欲しいことを、相手に具体的に伝えるのです。

特に、トライアルの場合は、時間も短く、ボールをタッチできる回数は本当に数えるくらいしかありません。サッカーはチームスポーツなので、自分のところへパスがこないことには、何にもできません。少ないチャンスの中で、マネージャーや監督に自分のインパクトを残すためには、自分という選手の役割やストロングポイントを知ってもらい、できるだけ自分のところへボールが集まってくるようなアピールは必要だと思います。

アフリカの人たちは、そういった売り込みが本当に上手で、「俺のところへボールを回してくれれば、必ず点をとるからよろしく」みたいな感じで、アピールしてきます。一方、日本人はこのあたりのアピールの苦手な人は多いと思います。特に自分の長所を相手に強気に言うという習慣は日本にないですし、初対面の場であればなおさらです。しかし、どうでもいい自慢話ならともかく、トライアルでは結果を出して採用にこぎつけるのが最大の目的ですから、結果を出すための手段に躊躇はいりません。

また、自分のストロングポイントを伝えることで、相手にとってもプラスの材料になる場合があります。例えば僕であれば、前述のようにフォワードの選手にパスを出すタイミングを伝えたことで、実際に彼がパスを受け取れば、シュートを打てるチャンスにつながり、彼もインパクトを残せるからです。

「能ある鷹は爪を隠す」ということわざがある通り、日本では自分の能力や長所を大っぴらに話すことをよしとしない文化があります。しかし、それは、隠していることに誰かが気づき、それによってプラスアルファで評価されるという大前提があっての話です。もちろん、過度な自慢話に他人が眉をひそめるのはアジアでも共通ですが、チームに貢献できる能力や、世の中の役に立つ技術をアピールすることに嫌悪感を示す人はいません（嫉妬する人はいるかもしれませんが）。

「自分のストロングポイントが何だかよくわからない」という人もいるかもしれません。自分のことは、案外自分にはよくわからないものです。他人から「○○さんって、すごいよね！」と言われても、ピンとこなかったり、自分では特別なことだと思っていなかったりするケースです。中には、褒められているのに「いえいえ、そんなこと絶対にないです！」と全力で否定する人もいますが、いいじゃないですか、そのまま受け取っても（笑）。

また、日本の人に多いのは、「私よりすごい人はいっぱいいるので……」という考え方ですが、それをいったらサッカー選手も同様です。僕よりすごい選手は世界中にたくさんいますが、その人たちが全員、僕と同じトライアルに来るわけではないのです。

いずれにしても、自分の評価は自分ではなく、相手がすることなので、相手から自分がどう見られているかという視点を持ち、常に意識しておくことは重要だと思います。

選ばれなかったことをいつまでも引きずっていてはダメ

プロサッカー選手はサッカーをしてお金を稼げる上、活躍すればテレビや新聞、雑誌、インターネットなどのメディアにも取り上げられる職業です。子どもたちの将来の夢では大抵ベストスリー以内にランクインし、ワールドカップやオリンピックでも大きく取り上げられるので、とても華やかな世界に見えます。

しかし、そのひとりひとりは、チームから「選ばれる」ことで、はじめて活躍の機会が与えられます。プロのサッカー選手といえども、入学試験を受ける生徒や学生と同様、または採用試験を受ける大学生や社会人と同じく、選ばれる側の立場なのです。

二〇〇〇年のシンガポール、ウッドランズに始まり、二〇一五年現在のブータン、ティンプーに至るまで、十七の国、十九のチームでプレーをしてきた僕は、つまりそのチームの数だけ、選ばれてきたことになります。当然、契約にいたらず、選ばれなかったチームもありますから、選ばれる、選ばれないという経験については、相当な回数をこなしてきました。

アジアのサッカーリーグのレベルは、日本のJリーグに比べれば、まだまだ低いといっていいでしょう。しかし、僕らは現地の選手として採用されるわけではありません。僕ら〝外国人〟がチームと契約するには、外国人枠の中でなくてはならないのです。外国人枠には、アフリカや南米、ヨーロッパから絶えずサッカー選手が押し寄せ、こぞってトライアルを受けに来るような状態ですから、そこでの競い合いはむしろJリーグ並みか、それ以上といえるでしょう。最近は外国人枠の中に、アジア枠ができたので、日本人のサッカー選手にとってはありがたいのですが、僕がはじめてアジアでプレーをしていた頃は、そういう制度もなく、本当に大変でした。

さて、「選ばれる」ということは、ざっくり言えば、相手の選ぶ基準に自分が合致したということです。その基準はチームによって様々ですが、大抵は選手としての能力によるものであり、選手の人格や人柄など、サッカーとあまり関係のないパーソナルな部分は問題とならないはずです。しかし、えてして選ばれる立場に立った人は、選ばれなかった時に、自分のすべてを否定されたような気持ちに陥りがちです。どんなに頭で理解していたとしても、「自分は必要とされていないんだ……」と思ってしまうのです。一方、海外の選手はこのあたりの割り切りというか、気持ちの切り替えに慣れていて、サッパリしている人が多いように思います。

僕も多くの日本の人と同様、選ばれなかった時は、落ち込むことが多いです。それは今も変わりません。トライアル期間中にインパクトを残せなかったのは自分の責任ですし、テストや練習試合で結果を残せなかった、もしくは選ぶ側に自分の印象が残らなかったのも自分の責任だからです。ですから、僕はまず「実力がなかったのだからしょうがない」と、なるべく冷静な気持ちで結果を受け止めるようにしています。翌日、目がさめたらその思いを「このチームとは縁がなかったんだ」と思うことにし、そしてその上で「契約しなかったことを必ず後悔させてやる」という反骨精神が湧いてくるところまで自分の気持ちを高めていきます。

選ばれなかったことをいつまでも引きずっていてもダメだと思いますし、一方で「縁がなかった」とあっさり済ませるのも自分の成長につながりません。選ばれなかったことには、それなりの理由があるはずなので、あのプレーがよくなかったのかもしれないとか、あそこでゲームを作るべきだったとか、ひととおり分析した上で、縁がなかったんだなというところまで持っていきます。そして最後は必ず、俺を採らなかったことを後悔させてやる！　というところへたどり着くようにしています。

気持ちの切り替えには、人によって時間の差があります。どちらかと言えば、僕は切り替えが早いほうかもしれません。また、性格として、自分の弱いところを人にさらすよりも、自分で考え、きちんと消化したいタイプなので、一度落ち込んでも、みんなと会う時までには、気持ちを切り替えた状態になるよう心がけています。

フランスの哲学者、デカルトは著書『方法序説』の中で「困難は分割せよ」と言っています。「選ばれなかった」悲しみやつらさ、悔しさなどを抱え、ただもんもんと過ごすのではなく、選ばれなかった原因を考え、自分に由来する理由と、チーム側の理由とに分けるだけでも、だいぶスッキリしてくるはずです。そこからさらに反省点や、クリアすべき課題や目標などに分割して考えることができれば、必ず次への道筋が見えてきます。

「選ばれなかった」というマイナスの状況を、段階を踏みながら消化して、自分の未来を切り開くためのプラスの原動力に変えていけるといいですね。

タイのオンサパ(オーソットサパーFC)と契約が決まり、
監督と一緒にユニフォームを持って記念撮影。

4

相手を知る

「自分だったら…」は
ご法度。
あくまで冷静に。

海外でサッカーするのに言葉はそれほど重要じゃない

アジアのサッカーリーグは国ごとの差は大きいものの、いずれの国もすごい勢いでレベルがあがっています。特に、ワールドカップやオリンピックなどの世界大会で活躍することを国として目標に掲げているところは、予算も潤沢なので、国の経済力やサッカーのレベルとは関係なく、監督、コーチなどの指導者や、外国人選手などの報酬は、地元の人が知ったらひっくり返るような金額だったりします。例えばフィリピンは、今、急激にナショナルチームの強化に乗り出している国の一つですが、片方の親がフィリピン国籍であれば、どんどん帰化させて、国の代表選手として迎え入れています。スペイン系やドイツ系など、明らかにフィリピンに住んだことのないような選手や、タガログ語を話せない選手がフィリピン代表となっている背景には、数年後の近未来で結果を出すために、手段は選ばないという方針があるのかもしれません。ちなみに、アジアでも多くの国は、日本と同様、下部組織としてのユース団体があり、そこで選手を育成していくというシステムが主流です。

日本のサッカー選手にとって、アジアでサッカーをする上で知っておいたほうがよいのは、プレースタイルの違いです。アジアは十九世紀から二十世紀にかけて、欧米諸国の植民地となった国々が多いのですが、中でもイギリスの植民地だった国や地域は、現在もその影響が色濃く残っています。国の公用語が英語だったり、アフタヌーンティーの文化が残っていたり、道路や交通のルールがイギリス式になっていたりという具合です。

文化のルーツがイギリスにあるため、英語圏であっても、大学への進学先がアメリカではなくイギリスというのも興味深い点です。当然サッカーについても、イギリスの影響を受け、プレミアリーグが大人気です。イギリスで生まれたサッカーは、ラグビーとルーツが同じということだけあり、ボールをめぐって体を積極的にぶつけていくプレースタイルです。そのため、香港、シンガポール、マレーシア、オーストラリア、ブルネイ、インドなど、イギリスの植民地だった国はハードなプレーを好む傾向があります。インドは場所によって、別の国の植民地である場合もあり、僕のいたチャーチルはポルトガル領だったゴア州にあるので、サッカーのスタイルも少し違っていました。ちなみに、インドは同じイギリス発祥のクリケットというスポーツが人気なので、イギリス領の地域では、サッカーよりもクリケットのほうが盛んな場合もあります。

イングランドスタイルのサッカーが主流の国では、球際のプレーがとても激しく、日本のプレースタイルでやろうとすると、思うようなサッカーができず苦労すると思います。その点、タイはイギリス領でもないですし、人も気候もおだやかで、食事もおいしいので、日本の人にはプレーしやすいと思います。そういうこともあって近年、タイでプレーする日本人が増えているのかもしれません。

海外でサッカーをする上で、言葉の問題は、実はそれほど重要ではないと僕は思っています。もちろん、契約にまつわる事柄や、契約書を自分でチェックするという場合などは、それなりに語学力が必要ですが、サッカーの契約書はどの国でも英語で書かれているので、もし、僕のように代理人をたてずに契約まで自分でやるつもりであれば、英語を勉強しておけばいいでしょう。ピッチの中での言葉も、右とか左くらいの簡単な現地の言葉を覚えておけば十分で、大抵はどこの国に行っても英語で大丈夫です。

むしろ、語学能力のあるなしというよりも、その語学能力をどう使うのかというほうが重要かもしれません。つまり、地元の人たちと積極的に関わり合う、コミュニケーション能力の必要性です。

僕は今もそれほど英語は流暢ではありませんが、最初の頃はもっとひどくて、特に香港に移籍した頃は、マネージャーやチームメイトが話している言葉が、英語なのか中国語なのか全く聞き取れないくらいでした。香港の人たちは北京語よりも広東語を話す人たちが一般的で、英語と広東語を自由にあやつるバイリンガルや、それ以上の言葉を話せる人たちがゴロゴロしているのです。しかし、全く話せない広東語をふざけてまねしてみたり、相手が馬鹿騒ぎしているところに入れてもらい、一緒に騒いだりして、相手との距離を縮めるように努力すると、チームの中にしっかり入っていけるようになります。日本にいたら断っていたような人の集まりでも、最初の少しだけでも顔を出すようにしたり、「衛生的に大丈夫か?」

と思うような場所での食事なども一緒に参加したりするようにしたのです。

辛い食べ物とか、臭いがきつい食べ物とか、日本の人の苦手そうな食べ物であっても、最初から「俺は食えない」とか「そんな汚いところは行けないよ」と拒絶していたら、こちらを受け入れようとは思わないはずです。相手もこちらが外国人であることはわかっていますから、口に合わなかったり、おえーっとなってしまったりしても、実はそれほど気にしていません。食べようとトライしたことや、なんとか頑張ろうとする姿が重要なのです。極端な話、トライした結果、「まずい！」と吐き出したとしても、みんなでわーっと大笑いして、その瞬間からもうみんなの仲間です（笑）。

仲間になれば、チームメイトと自分との関係も大きく変わってきます。サッカーはチームプレーですから、自分が活躍したくても、自分のところへボールが来なければ何もできません。彼らに受け入れられたことで、自分のところにボールが集まってくるようになるでしょうし、自分が出したパスに味方がしっかり応えてくれるようになります。

香港のプロゴール（屯門普高足球会）のチームメイトと、深圳の路上でディナーを食べたことも。

海外でサッカーをしようと考えた場合、金銭面以外では、語学力や、サッカーのテクニックなど、技術的なところへ意識が行きがちですが、案外こういった〝人と人〟の根本的な関係のほうが大切なのではないかと、僕は思います。

監督と話し、求めているものを知る

契約を勝ち取るというと、いかにもビジネスの雰囲気がしますが、突き詰めれば「相手がその人（モノ）を欲しい」と思うかどうかにかかっています。学校や会社などで、何かのグループ分けをする際、選ぶ側の人が「この人にしよう」とセレクトしているのと基本的には変わりません。

僕の場合はサッカー選手ですので、契約に至るまでには、トライアル期間に自分の技術や技量をチーム側に見てもらい、それを相手がどう判断するのかというところがポイントになります。認めてもらえば、契約のテーブルに進めますし、「だめだな」と判断されれば、トライアル中でも退場させられるからです。つまり、契約へのプロセスで最も大事なことは、一生懸命頑張っているとか、一般的なレベルよりも俺のほうが上といった、自分の側の都合や気持ちではなく、「選ぶ人は自分をどう見ているのか」という点でしょう。いくら他の人たちが認めてくれても、実際に選ぶ人が首をタテに振らなければ、契約のステップへは進めません。

重要になってくるのは、「相手の求めていることは何なのか?」という視点です。

海外のサッカーチームが僕と契約を結ぶ場合、僕は「助っ人外国人」としての立ち位置を期待されます。「助っ人外国人」と聞けば、昔のプロ野球のバース、ブーマー、クロマティみたいに、日本人選手とは圧倒的に技術レベルの違う選手を思い浮かべる人もいるでしょう。僕の渡り歩いてきたアジア諸国でも、おおむねそういう認識で受け止められていました。技術力が優れていることは大前提であり、それにプラスしていろんな特徴をもった選手がいます。採用する側も各チームの台所事情に合わせて獲得したい選手のニーズを絞り、トライアルを行っています。特に、戦力を補強するために助っ人外国人の採用を検討しているようなチームは、「点の取れるフォワードが欲しい」「個で局面を打開できる選手が欲しい」というように、求めているものが明確です。

では、その相手が求めているものを探るにはどうするか？

ずばり答えは「人に聞く」です。ありきたりすぎて、がっかりされるかもしれませんが、人が人を選ぶ仕組みである以上、秘策はないのです。もちろん国によってダイレクトに言ってくれないケースもあるので、その場合は聞く人を選んだり、聞くタイミングを考えたりして、相手が言いやすい環境で尋ねるなどの工夫をします。僕の場合、大抵はトライアルの期間中に、自分から監督に積極的に声をかけることにしています。チームとしてどんな人が求められているのかとか、どういうチーム作りを目指しているのかとか、足りない選手像や役割は何かとか、できるだけ具体的に聞いて、リサーチします。また、すでに前からいる外国人選手にチームの特徴や監督の考え方を聞いたり、地元の選手たちと交流する中で、そのチームにまつわるいろんな話を聞き出したりといったように、複数の情報源をもとにすることで、求められる選手像がより正確に、立体的になっていきます。これは営業担当者が、得意先の担当の方だけでなく、パートのおばちゃんだったり、直接自分の部署とは関係ない人たちからも話を聞いたりして、得意先の本当のニーズを探っていくような話と似ているかもしれません。

いろんな人たちからある程度話が聞けたら、その結果をもとに、僕がトライアル期間中に見せるべき自分のプレーや方針を考えます。もし「点の取れるフォワードが欲しい」というのが相手のニーズだと踏んだら、自分のプレースタイルを限りなくそこへ近づけるのです。僕のポジションはミッドフィルダーですが、相手のニーズがフォワードだとわかったら、フォワードとして振る舞います。しかもただのフォワードではなく、点も取れるフォワードです（笑）。実はこの話は、ラオトヨタ（ラオス）へ移籍する際に、僕の身に実際に起こったことで、この時は自分のプレースタイルやサッカー観は横におき、フォワードとしてトライアルを過ごしました。ちなみに、過去の僕のフォワード経験は、ベガルタ仙台時代、川崎フロンターレ戦で五分間プレーしただけです。

さて、点の取れるフォワードとしてチームにアピールするには、一人ではどうにもなりません。なぜなら、サッカーはチームスポーツなので、フォワードとして点を取るには、誰かからパスを回してもらわないとシュートが打てないからです。そこで、同じようにトライアルに参加している外国人選手や、そのチームの現地選手とコミュニケーションを取ったり、パスを送ったりして、自分のところへボールが回ってくるような下地を作りました。ある種の根回しみたいなものです。これらが功を奏し、自分の見せ場で回してもらったパスでしっかりゴールを決め、無事契約までたどり着くことができました。トライアルに参加していた外国人選手の中には、技術力の高いフォワードもいましたが、自分の技術を見せることに一生懸命で、フォワードとしての得点力をアピールできなかったり、現地選手との関係が悪く、パスが回ってこないためにシュートが打てなかったりという人もいました。契約までこぎつけられる条件が、技術力や能力の高さだけで決まるわけではないという一例だと思います。

ちなみに、自分がミッドフィルダーであることは、契約書にサインした後に「俺、フォワードやったことないんだ。別のフォワード採ってくれ」と正直にバラしました（笑）。さすがに相手も笑っていましたが、契約を取り消されることはありませんでした。なぜなら、僕がトライアルの期間を通してアピールしていたことは、相手のニーズにガッチリはまっていたからです。もちろん、実際に試合が始まったら続かなくなってしまうし、自分としても本来のポジションでプレーしたほうがチームに貢献できることがわかっていたので、正直に打ち明けました。そのことによって、かえってチームのニーズにきちんと応えられる技術と技量があると評価されたのはうれしい誤算でした。

これがもし、最初から「僕はミッドフィルダーなんだ」と言ってしまっていたら、どうなっていたでしょうか。おそらくその一言で僕は採用候補から外れていたと思います。同じ事をやっていても、言う順番や、相手への見せ方が違うだけで、採用される人とそうでない人が生まれるのは、こういったところにあるのかもしれません。

大抵の交渉相手は、結果しか見ていない

サッカーはチームでプレーするスポーツなので、いろいろな役割があり、点を取りに行くストライカーもいれば、守備を固めるディフェンダーもいます。チームとして勝つために、前へ出て行く人と黒子に徹する人とが、互いに協力して結果を出す、これらの動きは日本の多くの会社に置き換えても当てはまる話ではないでしょうか。

日本の組織プレーは世界的にみても相当に緻密で、勝利に向けてメンバーがそれぞれ決められた役割をきっちり果たす様は、芸術的な風格すら漂います。そのため、点が入れば、誰

がシュートを決めたのかだけでなく、どういう流れでゴールに至ったのか、アシストしたのは誰か、そもそもゴールへのきっかけを作ったのは誰かなど、ゴールに対するプロセスにも注目が集まります。僕自身も、ゴールを狙うフォワードと陣地を守るディフェンスの中間をつなぐミッドフィルダーというポジションを担当していることもあり、チーム全体が有機的につながり合ってゴールを決めるという流れは、理想的な得点パターンだと考えています。

ところが海外のチームでは、プロセスよりも「その点は誰が入れたのか」というところにしかフォーカスされません。そのため、選手もみな「自分が点を入れる」ということに、強いこだわりをもっています。その国でプレーしたいと思えば、僕も自分のサッカー観を捨てて、点を入れるということを追求していく必要があり、チャンスがあれば自らシュートを打って点を取りに行きます。ただし、決して自分だけおいしいところを持っていくことはしません。自分がシュートを決めた時は、必ず真っ先にアシストしてくれた選手のところへ行き、「君のお膳立てがあったからこそ、自分はゴールを決めることができたよ」と感謝の気持ちを伝えるようにしています。それによって、また同じようなシチュエーションでパスを出してくれるかもしれないからです。

特に、僕の場合は「一年一か国でプレー」という方針で移籍しているため、移籍する度に見られるのは何ゴール決めたのか？　何試合出場したのか？　アシストは何回か？　といった数字に表れる部分です。どれだけ毎回試合に出ていたとしても、数字に表れる結果を残せていなければ、相手からは僕のチームに対する貢献度が見えないですし、たとえそのチームですごい働きをしていたとしても、数字に残らない活躍では説明も大変です。そこで、数字に表れる部分はないよりあったほうがいいし、どれだけあっても損をすることはないから、こだわり続けていこうと、考え方を改めることにしました。

サッカーに限らず、会社で営業をしている人だと、毎月ノルマがあったり、前年度や前々年度の実績と比較されたりして大変かもしれません。しかし、結果を数値化できるものにこだわりを持つのは、客観的に自分を評価してもらうバロメーターとして、決して無駄なことではないと思います。

書類に本当のことを書いている国ばかりではない

アジアの国々に身を置いてから、日本を見て改めて思うのは、すごくきっちりしている国だということです。それは国の制度として決まっている部分もありますし、国民の意識として無意識にやっている部分も含めてです。

例えば、日本だと年齢や住所が戸籍や住民票などでしっかり管理されているので、自分の生年月日を知らない人はいないですし、親や届出の都合などで日付が違っていたとしても、大抵は数日から一か月程度で、その経緯を知っている人がほとんどです。ところが、海外の人たちには、パスポートの年齢が実際の年齢と何年も違ったり（ひどい場合は十年とか）、自分がいつ生まれたのかさえ知らない人がたくさんいたりします。

「正しい生年月日を知っているのが当たり前」「パスポートや住民票、運転免許証などに記載されている年齢は正しいのが当たり前」という環境に生きている我々と、「パスポートの年齢は実際より若くしても大丈夫」とか、「実際に生まれた日付がわからないので、一月一日で申請した」という環境の人たちとでは、いろんなところで感覚がずれても、ある意味仕方がないことかもしれません。

「本当は何歳？」というのもよく聞かれる質問です。僕からすれば、正しい年齢以外書きようがないので「本当は？」っていう質問自体が最初は意味不明でしたが、適当でも大丈夫な国の人たちからすれば、本当の年齢を知りたい場合は、そうやって尋ねるのが一番なわけです。みんな当たり前のように聞いてくる背景には、偽造が当然だったり、正直に書かなくてもかまわなかったりするからでしょう。

そうやって考えると、アフリカやアジアの国々では年齢があてにならないわけですから、U－20とかU－23といった世代別の代表試合は果たして意味があるのかなと……思ってしまいます（笑）。

面倒なことをやってくれるからには裏もある!? 代理人というお仕事

サッカーや野球など、プロ選手が海外のチームへ移籍する場合、大抵は代理人をたてることが一般的です。代理人は、選手から交渉権を委任され、移籍先のチームに対し、金銭面や条件面などの交渉を選手の代わりに行う専門職です。しかし、僕はシンガポールでコーディネーター兼、通訳に入ってもらって以降、ほとんどの国で代理人をたてず、すべて自分でチームと交渉し、移籍をしてきました。中にはミャンマーのようにサッカー協会の規則によって、代理人をたてることが移籍の条件である国もあります。そのため、ミャンマーではチームの紹介で代理人の名義を借り、契約を結びました。ただし、実際の交渉は、他の国と同様自分で行ったので、実質的には、今までの海外移籍はほぼすべて自分の力で交渉してきたと言っていいと思います。そこで、今までの自分の経験もふまえながら、通常、サッカーの移籍交渉で代理人が行う仕事がどんなものなのかを書いてみたいと思います。

まずは、代理人の定義からいきましょう。プロサッカーにおける代理人は、かつてはＦＩＦＡ（国際サッカー連盟）が発行する代理人のライセンスを持った人を指していました。なぜ「かつては」なのかというと、二〇一四年の六月に開かれた総会で、ＦＩＦＡは代理人規制の廃止と、ライセンス制度の廃止を発表したからです。つまり、それまではＦＩＦＡから発行された代理人のライセンスを持った人しか、移籍の代理人を務めることができなかったものが、資格のいらない〝仲介人〟によって選手の代わりにチームと移籍交渉ができるようになったのです。

これは、一部の有名選手の移籍交渉について、投資会社などの第三者が選手の保有権を持つことで、度々金銭的なトラブルに発展していたことや、第三者が保有権を持つこと自体が、人身売買にあたるのではないかという批判を受け、改善されたといわれています。

第三者保有権については、南米などでは以前からの慣習になっているため、ＦＩＦＡの改革がどれだけ実効を挙げるのかは不透明ですが、代理人の代わりに、新たに仲介人という交渉役を規則として定め、交渉で決まった報酬や移籍補償金などを公表することで、透明性を高め、投資目的の第三者が入り込みにくい形に変えることを狙っているそうです。仲介人には別段資格がいらないため、チーム側には今よりも一層、選手に対する目利き力が求められることになりそうですが、ヨーロッパや南米の超有名選手の大型移籍であればともかく、アジアにそういった選手がくることはまれなので、アジアに限って言えば、今までと大きくは変わらないかもしれません。

さて、海外でサッカーをしていると、言葉も不自由しますし、サッカー以外のことに気を取られるのも煩わしく、面倒なことを一切合切請け負ってくれる代理人は、とても頼もしい存在です。しかし、これも彼らが自分と同じ考えのもとで動いてくれるという大前提でのお話。海外の代理人の話を聞いていると、僕ら選手がサッカーのことだけを考えている裏で、自分の収入を上げるべく、いろんなことを画策している代理人もいることを知り驚愕します。

例えば、よくあるケースとして、「架空の移籍オファー」というものがあります。これは、代理人と選手が共謀してやるのですが、代理人が別のチームにお金を払い、そこから選手の所属するチーム宛てに「君のチームにいる〇〇選手が欲しいんだが……」と、偽のオファーを出してもらいます。代理人はそれを手がかりに「こいつを引き止めたかったら、もう少し給料に上乗せをしないと難しいんだが」と、チームに揺さぶりをかけるのです。チームの成績に貢献している選手であれば、当然手放したくないので、代理人側の提案をのんで給料を上げたり、それにプラスして複数年契約を結んだりし、最終的には、その報酬を代理人と選手で山分けして、互いに万々歳というものです。

僕はこういうやり方は好きではありませんが、交渉術としてはありだと思いますし、最終的に代理人と一緒に組んでいる選手が納得しているのであれば、いいのかもしれません。

一方、僕のように一人で移籍交渉をしている人間からすると、「え？　そんなやり方、ありなの……」と思う代理人の交渉術も最近耳にしました。例えば、トライアルで僕と、もう一人、代理人のついている選手が最終選考に残ったとしましょう。トライアルの内容や、練習試合の結果などを見ても、僕のほうが明らかに優れていたとしても、代理人のついている選手が契約にこぎつける場合があるのです。それはどういうカラクリかというと、代理人が「うちの選手を採用してくれれば、給料のうち○パーセントを監督（または、マネージャー）に払う」と金銭的な条件をちらつかせて、監督やマネージャーの心を揺さぶるのです。僕と契約しても監督やマネージャーには一銭も入ってきませんが（もちろん、僕が活躍することでチームがいい成績を収めれば、彼らにもお金が入りますが）、代理人のいる選手と契約すれば、チームの成績はともかく、自分のところへポケットマネーが入ってくるわけです。いわゆるキックバックというものですが、ここまで来ると完全にビジネスというか、営業テクニックみたいな感じです。ひどい場合は、代理人が自分の財布から各国のチームの監督やマネージャーにお金を渡し、それを手がかりに契約を取りつけてくる場合もあります。選手が契約できさえすれば、代理人は最終的にエージェントフィーでお金を回収できるので、ある種の先行投資になりますが、当の選手は自分の実力で移籍を勝ち取ったと思っているわけですから、気の毒ですよね。

それまでFIFAのライセンスがなければ代理人と名乗れなかったものが、ライセンスが必要なくなったため、今度は仲介人を名乗る怪しい人たちがすごく増えてきています。そういう怪しい人たちにひっかかった日本人の知人がいますが、彼の場合は、J2に在籍している時、タイリーグの代理人だという人間から、J2のチームよりいい待遇でのオファーが来たそうです。そこで、シーズンの途中で契約を切って、タイに飛んでみたら、実際には何にも決まっていなくて、結局半年間チームもなく、練習に参加しながら移籍先を探すというひどい目にあっていました。もともと代理人と名乗っている人たちの中にも相当怪しい輩がいましたから、仲介人制度になって、彼らと組んでやろうと思っている日本の選手たちは、今までよりももっと注意する必要があると思います。

ちなみに、代理人の報酬は選手の給料のうちのだいたい十から十五パーセントが相場だと言われています。ただ、これは日本人などの場合で、アフリカの選手などに詳細を聞いてみると、三十パーセントを代理人が持っていくという話もあるようです。アフリカの選手は、ビザの問題や、モラルの問題などから、チーム側も警戒しているので、代理人も選手に強気の数字を提示できるのかもしれません。最終的には本人と代理人との話なので、それでいいと思えば任せればいいし、いやだと思えば別の人を探すか、自分でやればいいのです。

また、代理人とは少し違いますが、海外のサッカーには、コーディネーターと呼ばれる人たちもいます。彼らの仕事は、選手からコーディネート料をもらって、その選手を現地の複数のチームの練習に参加させ、契約への糸口をセットアップすることです。例えばヨーロッパ諸国のコーディネートだと、だいたい三十万から四十万円かかるようです。ところが、ひどいコーディネーターに依頼すると自分の払ったコーディネート料が練習先のチームに支払われていたりする場合もあります。

『地球の歩き方』は、海外の概要をつかむ最強アイテム

最近はインターネットでいろんな情報を集められるようになっているので、海外の情報を本で調べようという人は少数派かもしれません。しかし、僕はシンガポールへ飛んだ時から、

一貫して『地球の歩き方』を愛用しています。インターネット回線のない場所でも見られ、持ち運びできる上、国の基本情報から衣食住に至るまで、国全体の情報が広く網羅されているという点で、移籍前の情報収集だけでなく、移籍後の暮らしでもとても役に立っています。

僕は『地球の歩き方』の広告塔ではありませんが（笑）、一冊の中にその国の大まかな情報がコンパクトに載っているというのは、僕だけでなく、これからその国で仕事をしようとする人にとって、必ず役に立つと思います。時には現地に行ってみたら、掲載されていた情報と全く違うとか、紹介されていた店や施設がなくなっているということもありますが、それは海外に限らず、日本でも同様でしょう。

特に僕が熟読しているページは、その国の物価や文化、宗教、簡単な現地の言葉です。物価はその国で生活する際にかかる費用の目安になるので、給料の交渉に直接関わってきます。また、文化や宗教は、その国の人たちの性質や考え方を知る上で重要な手がかりになりますし、簡単な現地の言葉を覚えておけば、日常生活やチームメイトとのコミュニケーションを取る際にも役立ちます。

一方、交渉の糸口をつかむために、直接その国へ乗り込むと決めた場合は、滞在する宿泊施設の目星をつける際にも役立ちます。あらかじめ宿を決めておき、そこで二、三日滞在しながら、ストリートサッカーに加わるなどして情報を集め、状況に合わせて掲載されているゲストハウスの中からめぼしいものを選んで泊まるというのはよくあるパターンです。モルディブのチームと交渉した時は、あらかじめ島にある有名なリゾートを調べておき、「優勝したら、○○のリゾートホテルに一週間滞在し、飲み食いもすべて面倒見てくれ」と伝え、契約書に書き加えてもらったこともあります。

ブログやテレビなどで、「愛読書は『地球の歩き方』です。いつも移籍の際に参考にしています」と言い続けていたら、ある時、編集部から取材がきて、『地球の歩き方』のラオス編の中で〝「プレミアリーグ」で活躍する日本人〟という記事になったほどです（笑）。

フィリピンで地元の子どもたちと一緒に、ストリートサッカーをした後の一枚。

5

現地で学んだ交渉術

まさに「郷に入っては郷に従う」の世界

行動を起こさないと、未来は開けてこない

日本と海外で大きく違う部分の一つに、人に何かを頼む時のハードルの高さがあります。同様に、それを断る場合のハードルの高さもありますね。日本の場合は、どちらのハードルも高いですが、海外ではそれほどでもありません。特に、断るということのハードルがそれほど高くないので、相手にも断られるかもしれないなと思いつつ、頼むケースが多いような気がします。

かくいう僕も、最初のうちは相手のことを考え、これを頼んだら悪いかなとか、迷惑かなと思ってためらうこともありましたが、彼らは本当に迷惑だと思うと、それ以上はできませんと言ったり、うまく逃げたりするので、そういうものだと思って、真似をするようになり

ました。

例えば、チーム宛てのメールや、ＣＶ（履歴書）を作成した時も、英語はそこまで得意な訳ではないですし、しかもビジネス英語なので、札幌駅前の英会話学校に行って、受付のお姉さんに見てもらったことがあります。最初の海外だったシンガポールの時はコーディネーターがいたし、次のオーストラリアのウエストゲートはオーストラリア人の監督に直接電話をして話が決まったので、そういった書類を自分で作る必要はありませんでした。しかし、オーストラリアからベトナムへの移籍を検討した時、ＣＶがないとまずいなということになって、見よう見まねで作り始めたものの、本当にこれでいいのか不安に思い、最後は身の回りで一番詳しそうなところへ駆け込んだという顚末です。いきなり訪ねてこられた受付のお姉さんもびっくりしたと思います（笑）。

もちろん、日本と海外とでは、頼み事に対する考え方が違うので、日本に戻ってきた時は日本のルールに則って生活するようには気をつけています。けれども、日本であれ海外であれ、何かを思いついた時に、行動しないで後で悔やむより、たとえ結果が出なかったとしても行動したほうが、得られるものは多い。これは自分の体験から感じることです。

ベトナムへの移籍の際、電話やメールなど、いろんな連絡をしてもなしのつぶてだったので、最終的に直接ベトナムへ飛んでツテを探す決断をしたことがあります。しかも、現金千ドル（約十万円）を持って、「これが無くなるまでに契約できなければ、サッカーをやめる」というルールを決めてから飛行機に乗ったのです。当然行く当てもないので、サッカースタジアムの周りをうろうろしてみたら、たまたまストリートサッカーをやっているグループが目に飛び込んできました。ひょっとしたら、彼らの中にチーム関係者に親しい人がいるかもしれないと思い、仲間に入れてもらうと、やっぱりサッカーをやっている人同士の絆みたいなものがあるんですね。誰か親しい人はいないかどうか尋ねてみると、「おれ、チームに知り合いがいるよ」という人がいて、彼にお願いしてトライアルにつないでもらいました。おかげで、「直接その国へ行く」という選択が、今でも移籍する際の有効な手だてになっています。

僕たちは人と人のつながりで生きています。

そして、必ずしも自分の考えが他人と同じとは限りません。むしろ、全く別のことを考え、思いもしない反応が返ってくることもあります。ですから、自分一人のシミュレーションで堂々巡りをせず、ぜひ一歩を踏み出してみてください。思った通りの結果が出せれば素晴らしいことですし、別の結果や、想定外の事態になってしまったとしても、そこから必ず次の世界が広がりますから。

サッカーにおける移籍交渉の流れ

ここでは、僕が実際にチームを移籍する際にたどる契約までの道のりを紹介したいと思います。すでに僕が海外チームへの移籍交渉を始めてから十年以上の年月が経っており、自分の知名度やインターネットなどのデジタルツールの普及などで、細かい部分は変化していますが、それらも含め全体の流れを知ってもらえたらと思います。

①チーム探し

「一年一か国でプレー」という方針でサッカーをしているため、今、プレーをしているチームの契約が終われば、基本的に契約更新はせず、次の国のチームへ移籍します。そのため、「どのチームにするか?」という以上に、「どの国にするか?」という点で悩みます。マレーシアのように、シンガポールのチームに在籍した選手は、別の国を経由するか、一年のブランクがないと移籍できないという国があったり、ミャンマーのように、サッカーリーグが定めた規則のために、代理人をたてないと移籍できない国もあったりします。それらの情報も含めて検討し、今の自分の国から問題なく行ける国とチームをいくつかセレクトします。

昔は、同じチームや他のチームにいる外国人選手や、現地で知り合ったサッカー好きの知人、雑誌など、限られた情報ソースの中から、移籍先に関する情報を集めなくてはなりませんでした。ところが、最近はインターネットでそのチームのウェブサイトを調べるだけでなく、Facebook や Twitter や LINE などのSNS(ソーシャル・ネットワーキング・サービス)を使うことで、いろんな情報が入ってくるようになったので、本当に便利になりました。

②トランスファー・ウィンドウの期間を調べる

トランスファー・ウィンドウとは、直訳すれば「移籍の扉」。この扉が開いている期間内であれば、サッカー選手は他のチームへ移籍することが可能で、僕のような海外選手も同様です。トランスファー・ウィンドウは、国ごとに決まっており、この期間でなければ、どんなに有名な選手や有能な選手であっても移籍できません。そのため、トランスファー・ウィンドウの期間をあらかじめ知っておくことは、僕のような短い期間で移籍を考えている選手にはとても重要です。

ＦＩＦＡの規定では、トランスファー・ウィンドウはシーズン前が最長で十二週間、シーズン中が最短で四週間となっており、これらはその国のサッカー協会に問い合わせるか、ウェブサイトなどを見るとわかります。最近では、チーム公式の Facebook のページをチェックして、そのページに集まっているチームの関係者やサポーターから詳しい情報を教えてもらったり、Twitter で移籍候補のリーグ名や、チーム名を検索して、詳しい情報を持っている人にＤＭを送って、情報をもらったりすることもあります。

③移籍したいチームに連絡を取る

移籍候補のチームが絞り込めたら、マネージメント宛てに連絡をとります。最初の頃は、電話をして、CV（履歴書）と自分の記事が掲載された新聞のコピー、テレビ放送された試合から自分の得点シーンなどを抜き出して編集したDVDなどをセットにして郵送。それから、再度電話をして、トライアルへの参加が可能か問い合わせをする、といったような手順を踏んでいました。メールが一般的になってからは、CVをメールに添付し、動画はYouTubeにアップロードしておき、そのリンクをメールに載せるようになりましたが、いずれにしても、ほとんどのチーム関係者は見ないか、見ても放置する人が多いようです。

特に最初の七、八か国くらいまでは、あまりに短期間で移籍しているので、クビになったか、何か問題のある選手だろうという見方をされてしまい、自分の経歴をアピールするはずのCVが、かえって逆効果という笑えない状況も経験しました。そこで、実際に現地へ飛び、いろんなコネやツテを頼って、チームの関係者に直接会うことにしました。どんなに電話に出ない相手でも、直接会ってしまえばむげにはできないもので、そこから「じゃあ、明日からトライアルに来ていいよ」と道が開いた経験は一度や二度ではありません。

ちなみに、最近はFacebookのメッセンジャーやLINEなど、ＳＮＳのメッセージ機能のおかげで、ほぼリアルタイムでやり取りできるようになり、交渉ごとがトントン拍子に進むケースが増えました。ブータンのティンプーへの移籍も、メッセンジャーとLINEを使い、人を介して連絡を取り次いでもらって、現地に一度も行かずに契約までたどり着いたほどです。

④トライアルに参加する

チームのマネージメント側にうまく話がつながると、やっとそのチームのトライアル、つまり移籍選手獲得用の練習に参加できるようになります。そのチームへの移籍を希望する選手だけでなく、チームに残っている選手もいるので、様々な練習をしながら、そのチームのレベルや雰囲気を感じとったり、仲よくなった選手からチームの情報を仕入れたりします。特に、外国人選手には、その国の報酬の相場や、外国人選手の待遇、気をつけることなどをそれとなく聞くようにし、契約まで進んだ場合の交渉材料を集めておきます。

もし、自分がマネージメント側に強いインパクトを残せていれば、頻繁に声をかけてきたり、食事に誘われたりし、トライアルの中盤で契約に進むこともあります。大抵は、トライアルの最終段階で練習試合があり、その試合の働きを見て、契約をするかどうかの最終判断をくだされることが多いです。

⑤レコーダーで録音しながら契約交渉

トライアル期間にあまりいい印象を残せなかった場合や、練習試合で結果を出せないと、契約の話はなく、期限内まであいまいな態度で保留されることがあります。その場合は、こちらもさっさと見切りをつけ、トランスファー・ウィンドウが開いているうちに、次のチームのトライアルへ参加するようにします。ちなみに、海外の場合は、午前と午後で別のチームのトライアルに参加するというケースもよくある話です。日本だと「二チーム掛け持ちをするなんて、それぞれのチームに悪いのでは？」と思いがちですが、選ぶ側に自由があるのと同様、選ばれる側にも自由がある、というのが海外では一般的な認識のようです。

さて、トライアルで結果が残せたとしましょう。マネージメント側から契約の打診が来たら、お互いの要望を詰めながら、契約書をかわす前段階として、条件の確認を行います。場所は、チームのオフィス、滞在中の宿舎、カフェなど、国やチームによってバラバラです。報酬金額のめどがたったら、滞在する家や家具、車、お手伝いさん、日本への往復飛行機代など、プラスアルファの部分もしっかり主張します。また、自分がケガをした場合のチームの対応も確認が必要です。ケガを理由に解雇されたら困りますから、ケガの際は治療費をどうするとか、どれくらいであれば、復帰を待つとか、そういったケガに対する保証なども、この段階で交渉しておきます。

その際は、相手に許可を取った上で、必ず音声をレコーダーなどで録音するようにしています。というのも、条件交渉での口約束は必ず、〝言った言わない〟の泥仕合に発展するからです。録音して証拠を残すだけでなく、「きちんと録音しているから、適当なことを言ってもダメだぞ」という相手へのプレッシャーにもなるのでおすすめです。最近はスマホにレコーダー機能がついているので、それを使うようにしています。

⑥契約書にサイン

契約交渉がまとまったら、それらをまとめた契約書をチーム側が作成します。日本の感覚だと信じられないかもしれませんが、契約交渉がまとまった後でも移籍の話が消えることは、本当によくあります。僕も前の日に契約交渉を行い、次の日、契約書にサインという段階で話が飛んだことがありました。契約書にサインをするまでは、本当に気が抜けません。

相手が持ってきた契約書をきちんとチェックすることも欠かせません。契約交渉でまとまった話と全然違うことが書いてあったり、プラスアルファの部分がごっそり抜けていたりするからです。その場合は、その場で指摘し、必ず書き加えてもらい、その上でサインするようにしています。

⑦契約が守られるようにチェックし、戦う

契約書にサインをし、晴れてそのチームへの移籍が確定しました。しかし、これで終わりではありません。日本であれば、プロの選手として、サッカーで結果を残すことに集中すればいいのですが、さすがは海外。ここから、別の戦いが始まります。

それは、契約がきちんと守られているかどうか、チェックし続けるということです。報酬が二、三か月遅れることはよくありますし、せっかく決めたプラスアルファが全く守られないことはよくあります。ブルネイのチームでは、部屋にテレビがなかったため、新しく買ってもらうことを契約交渉で伝えましたが、契約書に書かれていなかったため、わざわざ一筆書き加えてもらいました。しかし、いつまでたってもテレビは届きません。二か月たってさすがに頭に来て「今週テレビが届かなければ、週末の試合は出ずに、日本へ戻る」とマネージャーに伝えたら、翌日部屋にテレビが届いたことがあります（笑）。

一時が万事そんな調子なので、自分で確保した権利は、何が何でも自分で守るという気持ちでいかないと、いいカモにされてしまいます。

AGREEMENT BETWEEN
MANANG MARSYANGDI CLUB, NEPAL
AND
MR. ITO DAN (JAPAN)

This is agreement has been executed on 10, Nov., 2011 between Manang Marshyangdi Club of Nepal, represented by Mr. K.C. Gurung, General Secretary of Club (hereinafter called the CLUB) and Mr. ITO DAN (JAPAN) (hereinafter called THE PLAYER)

Both the parties have agreed to enter this AGREEMENT under the following terms and condition.

1. ITO DAN (JAPAN) agrees to play National League from Club for the year December, 2011 to 2012 Feb.
2. The Club agree to pay Mr. ITO DAN (JAPAN) one month salary in league
3. Club provides Lodging and Fooding to the player.
4. Club provides necessary equipment for practice and matches to the player.
5. Club provides necessary Medical assistance if needed in case of injury.
6. If the player is previously injured and is unable to play, the club will not provide any salary and facilities to him.

Signature of the Club　　Signature of the Player

Mr. K.C. Gurung
General Secretary
Manang Marshyangdi Club
Nepal

Mr. ITO DAN
JAPAN
Date of Birth

Witness　Kalu Gurung
Witness　Kumar Battarai

ネパールのMMCと交わした契約書。6番目の条件が手書きで書き加えられている。

自分の売りは何か？契約につながるCVの作り方

海外のチームに移籍しようと思った場合、まず自分がどんな選手なのか、チーム側に知ってもらう必要があります。日本では就職活動やアルバイトの採用試験などで、履歴書を用意しますが、海外では履歴書にあたるものをＣＶといいます。ＣＶはCurriculum vitaeの略で、日本のように書式や様式が決まっているわけではないので、手書きでもパソコンでも、自分の好きなように作成して構いません。

日本の就職活動では、手書きであることがほぼ必須で、しかもボールペンよりも万年筆のほうがよいとか、字の書き方が丁寧かどうかなど、その人の能力や職歴とは直接関係ない部分も評価の基準になったりするそうですが、海外ではそういった部分はほとんどスルーです。

むしろ採用する側は即戦力を求めているので、過去にどういった働きをしたか、どんな能力を持っているのかなどが明確にわかることが必須です。

サッカー選手のCVは、人によっても書き方が違うと思いますが、僕の場合はだいたい次のような順番で自分を紹介しています。

◉伊藤壇流！　CVの書き方

ちなみに、「CURRICULUM VITAE」と略さずに書くのは冒頭部分のタイトルぐらいで、通常の会話やメールなどでは「CV」と略しています。

・基本情報（Basic information）

名前や生年月日、最終学歴、身長・体重、ポジションといった、ごく基本的な情報です。

・プロサッカー選手としての経歴（Professional career）

一九九八年にブランメル仙台に入団して以降の自分のプロ選手としての経歴を、在籍した年、チーム名、国の順で列挙します。1998-1999 Brummell Sendai / Vegalta Sendai (Japan)、2001 Woodlands Wellington (Singapore)……といったような感じです。なお、チームに籍を残したまま別のチームと契約をする、いわゆるレンタル移籍やローン移籍と呼ばれる場合は、チーム名の横に（on loan）と明記するようにしています。

・賞歴（Awards & Honors）

プロサッカー選手として頂いた賞や、特筆すべき試合結果などを年の順に列挙します。例えば、二〇〇四年のＡＣミランのアジアツアーで、当時在籍していた香港のキッチーが二対一でＡＣミランに勝利したことや、二〇一三年にモンゴルで所属していたエルチムがリーグ・チャンピオンになったことなどを書いています。

・スポンサーやＣＭの出演歴（Personal Sponsor & CM actor Career）

僕個人を応援してくれているスポンサーや、僕が過去に出演したテレビＣＭ、雑誌、ポスターなどの広告モデルとしての実績です。

・読み物風のマイストーリー（Who is ITO DAN?）

この部分も人によって全く違う書き方になると思いますが、僕の場合は、自分という人間がどういうサッカー選手なのか、過去の経歴を使って、読み物風にまとめて載せています。それも、主観ではなく、あくまで客観的に「どう評価されているか」という点に重きを置いています。嘘を書いても必ずばれますので、本当のことを、できるだけキャッチーなタイトルでまとめるのがポイント。自分の活躍が掲載された新聞の見出しなどは、非常に参考になります。例えば、アジアサッカー界のパイオニア、優れた技術力、勝負強さ、多彩な才能、といったような感じで目を引きやすいように工夫しています。

実際には、チームのマネージャーや監督がじっくり時間をかけてこれらを読むということは少ないですが、強力なアピールになるのは間違いなく、特にチームのオーナーは、マーケティングやスポンサーのことを考え、こういった選手にまつわるストーリーを好む傾向があります。

・映像や記事のリンク（Video）

最後に、自分のプレーをまとめた動画や、雑誌やウェブサイトのリンクを掲載します。他人からの客観的な評価を知ってもらうという点で、これらは非常に説得力のある情報です。記事はパッと見た時にインパクトのあるものがよく、英語の記事でも問題ありません。また、試合の中継をまとめた動画があれば、それを見てもらうのもおすすめです。今はどの国でもサッカーをテレビ中継しているので、日本から海外に出るだけでなく、アジアの国を渡り歩く場合でも、試合の映像が手に入ります。

ちなみにＰＤＦデータで先方に送る場合、リンクをクリックするだけで直接動画サイトや掲載ページが見られるので便利です。動画サイトはYouTubeを使用し、テレビ中継やニュースなどで自分が取り上げられている部分を編集してアップロードしています。

これらはすべてパソコンで書いています。ワープロソフトのWordで作成し、ＰＤＦに変換したファイルを先方に送るようにしていますが、あまり長すぎても読んでもらえないので、相手の負担を減らすため、Ａ４サイズに四ページ以内で収まるように気をつけています。

昔は最終的にプリントアウトし、映像や記事のリンクの代わりに、自分が取り上げられた新聞の切り抜きのコピーと、テレビ中継などの映像を編集したDVDを添え、チームのマネージメント宛てに郵送で送っていました。DVDは、自分のストロングポイントばかりを集めたプレー集に、ほかの選手と見わけられるよう、画面上に矢印を入れるなど工夫していました。CVが届いたと思う頃に電話をし、感触を確認するという段取りです。そのうち、アジアのチームでもウェブサイトを作るようになり、ネット環境も充実してきたので、最近ではPDFのCVをメールやFacebookのメッセンジャーに添付して送るようになってきています。

しかし、ここまでしっかり考えてCVを作り込んでも、採用を決めるマネージメント側が見てくれるかどうかは、五分五分。見てもらえたとしても、最後まで目を通してもらえる可能性は、経験上あまり高いとは言えません。そのため、CVの項目の順番を入れ替え見てもらえるように気を配ったり、見出しと写真が大きく掲載された新聞記事を一番上に置いたり工夫してきました。それでも、ほとんどは中身も見ずにほったらかしにされます。そのため、僕は最後の手段として、現地に乗り込み、直接自分の姿や、プレーを見てもらって契約にこぎつけるという道場破り作戦に出ています(笑)。

さすがに移籍先も十か国を超えたあたりから、「アジアで各国を渡り歩いている日本人がいる」と業界内で知られるようになってきたので、チーム側がすでに僕のことを知っていて、比較的スムーズにCVを見てもらえるようにはなっています。また、最近ではFacebookに大まかな情報を掲載していることや、Facebookのつながりでチーム関係者と直接コンタクトが取れるようになったことから、僕の場合はCVが移籍の突破口を切り開くツールというよりも、念のため、経歴の確認をする上でツールに変わりつつあるような気がします。

ウソをついても五分も一緒に練習すればレベルはばれる

外国の人たちのいい加減なやり取りに翻弄されていると、つい「相手がそうなら、こっちだって」と思うのですが、交渉ごとで話を盛るならともかく、自分の経歴などを適当にごまかすのは、日本人だからこそ止めるべきだと思っています。

今は、ネット社会になっているので、すぐに過去の経歴やメディアで取り上げられた情報なども出てきます。それでもいい加減な情報を送ってきたり、公言したりする外国人選手はたくさんいます。特にアフリカの人たちは、どこの国でも警戒されているのですが、僕がマレーシアのペナンにいた頃、アフリカのある国からCVが送られてきたことがありました。チーム側は「申し分ない経歴の選手だから、トライアルに呼んでみよう」と判断。ビザの申請をサポートし、航空券を招待状とともに送って、いざ入国してきたら、サッカーをやったこともない全くのど素人！だったのです（笑）。しかもその男、スパイクをタクシーの中に忘れてきたと嘘をいって、チームからスパイクをもらい、それを履いて練習に加わったものの基本が全くなっていませんでした。

チーム側も選手たちも、五分も一緒に練習すれば、どんなレベルなのかすぐにわかります。当然「明日から来なくていい」とチームから強制退場させられました。彼はその後、不法滞在で現地に残り、街中でアクセサリーを売って暮らしていたといううわさです。近年、そういった選手が増えつつあります。

アフリカの人たちの〝悪行〟ばかり書いて何ですが、例えば、カメルーン人の選手と話すと、八割ぐらいは「俺はエトーの親戚だ」と言います。毎回同じ話を聞くので「エトーは何人親戚いるんだよ！」と突っ込みたくなります。また、ナイジェリア人の場合は、ほとんどが「俺はU－17代表だった」と言うのですが、これはナイジェリアが十七歳以下のU－17の世界大会で、二〇一五年までに五回優勝しているところから来ています。「エトーの親戚」

と同様、自分のアピールポイントのつもりで言っているのでしょうが、こちらも毎回同じ話なので「そんなに代表選手がいるわけないだろ!」と心で突っ込みつつ、「そうなんだ」と返しています。ところが、大抵の日本人はそれを聞くと「へー、すごいですね!」と鵜呑みにしてしまう。そのあたりの嘘というか、自分を売り込むためには手段を選ばないというハングリーさは、僕らの想像をはるかに超えています。

そもそも、パスポートに書かれている年齢自体も実際より若い場合がほとんどで、ひどい場合になると、十歳くらいサバを読んでいる人もいます。肉体を酷使するサッカー選手は年が少しでも若いほうが印象がよいので、そういうことになるのですが、過去に在籍してきたチームや経歴などを聞いていると、十五歳くらいから海外でサッカーをしていないと計算が合わない選手もいたりします。

最近は日本の選手でも、トップチームに昇格できず、大学へ進学したはずなのに、トップチームでプレーしたことになっていたり、別のチームに所属していて、テスト生としてJリーグのチームの練習に参加しただけなのに、Jリーグ某チーム所属と偽っていたり、そういった嘘の経歴を書いたＣＶを送る選手がいます。

今のところ日本人は信用がありますけれど、そういうことをやり続けていると、アフリカの人たちみたいな扱いになってしまいそうで怖いと思うことがあります。日本人選手全体の信用を落としかねない嘘は、絶対にやめて欲しいと思います。

トライアルを勝ち抜くために

移籍するために、必ず乗り越えていかなくてはならない壁、それがトライアルです。トライアルには、チームやマネージメント側のＣＶチェックなどを経た上で、認められた選手たちだけが参加できます。チームのレギュラーメンバーらとともに練習を行い、その中で技術や能力を審査され、大抵は最後に練習試合をして、その結果で選手の採用を判断します。トライアルの内容や進め方は国やチームによって異なりますが、ここでは自分が過去トライアルを勝ち残るために学んだノウハウを紹介したいと思います。

・戦いは自己紹介の段階から始まっている

トライアルの期間は国やチームなどにもよりますが、大体一週間から三週間です。その間に、他の選手を抑えて自分が選ばれるためには、監督やマネージャーに、自分という選手のインパクトをどれだけ残せるかにかかっています。実力優先の選考ではありますが、トライアルに参加する海外の選手は、ヨーロッパ、アフリカ、南米など、世界中から集まって来ており、レベルはおおむね高めです。その中でも頭ひとつ飛び抜けて見えるよう、自分をしっかり印象づける必要があります。そのため、はじめてチームに行く時は、プロの選手としての風格が漂うよう、着るものにも気を配るようにしています。

例えば、ウェアからスパイクまで同じメーカーでそろえていけば、「おっ、こいつにはスポンサーがついているのか」と思いますし、相手がこちらを見る視線も変わります。その上で、自己紹介の方法を工夫して、まずは自分の名前を覚えてもらいます。

・ピッチに入ったらすぐ監督とマネージャーに話を聞く

選手の採用を決めるのは監督やマネージャーなので、どんな選手を求めているのか直接聞きます。その際に、相手の目を見て、自分がそれにしっかり応えられることをアピールします。例えば、「うちのチームは点の取れるフォワードが必要だ」と言われたら、自分のポジションがミッドフィルダーであることなどおくびにも出さず、フォワード然として練習に加わります。できないと言ってしまったらその場でチャンスは断たれてしまいますが、やってみて契約までたどりつきサインさえしてしまえば、「ごめんなさい、本当はミッドフィルダーです」と言っても、なんとかなるのがこの世界です。

・チームメイトと積極的にコミュニケーションを取る

監督やマネージャーからチームのニーズを聞いたら、次はローカル、いわゆる現地の選手のところへ行って話をします。「俺、日本人なんだけど、日本のアニメ、何が好き?」とか「お、そのスパイクかっこいいね!」とか、たわいもない話を突破口に、仲よくなっていきます。というのも、チームの八割方がローカルの選手で、ひとつのポジション枠を複数の外国人で争うといったような場合、自分のところへパスが回ってくるかどうかは、ローカルとの関係性に大きく左右されるからです。会話だけでなく、リフティングや、ちょっとしたテクニックなんかを披露して、「なかなかうまいな」と思ってもらえればしめたもの。試合が始まると自然と自分のところへボールが集まってくるようになります。もちろん、自分のプレースタイルやストロングポイントもきっちり伝えて、フォワードとコミュニケーションをとっておくのも忘れません。このあたりの売り込みは、アフリカの選手が本当に上手で、相手の懐にガンガン入っていくのをみて、自分もまねするようになりました。

サッカーはチームスポーツなので、詰まるところ、自分のところへ来たボールをどうするかということよりも、まずは自分のところへボールが来ないことには何も始まりません。パスが集まるようにさえなれば、タッチ数もあがり、短いトライアル期間でも結果を残せる確率は確実にあがります。

・練習試合では、自分のアピールポイントが出せるように手を尽くす

トライアルの締めくくりは大抵、練習試合です。試合を通して実戦での力量を測り、練習試合の後、契約するかどうかのジャッジがくだされます。練習試合にはいろいろなパターンがあり、すでに契約している選手も含めて敵味方にわかれ、採用したいポジションにトライアル参加者が入る場合や、トライアル参加者同士で戦うケースもあります。練習試合の形式

は、ある程度事前にわかるので、自分をアピールできるよう作戦を練って臨みますが、チーム全員トライアル参加者という場合は少し状況が変わります。全員がアピールに必死になるため、味方でありながら敵みたいな殺伐とした空気の中でプレーが行われるのです。自分の得意なポジションにつけるとも限らないので、その場合は交渉して、前半後半で入れ替えてもらったり、融通を図ってもらったりします。

トライアル参加者のみで組んだチームでは、自分のパスでフォワードが得点すれば、僕の代わりに彼の評価があがる可能性もあります。とはいえ、自分のポジションはゲームメーカーなので、ゴール前で得点に絡むような仕事をしないと自分が評価されません。いやらしい話ですが、トラップの苦手なフォワードがいたら、練習試合で少し強めのパスを出したり、ちょっと回転をかけたり、苦手なほうの足に向かってボールを出したりして、トラップミスを誘います。僕はきちんと仕事をしたのに、フォワードがトラップミスをしたという形にするのです。姑息な手段だとは思うのですが、それくらいしないとアジアで生き残っていけないというのもまた事実なのです。

ちなみに、余談ですが、僕はいつもトライアルの練習試合や、大事な試合前に全国高校サッカー選手権大会のテーマソング「ふり向くな君は美しい」を聞いて、気持ちを高めてから臨むようにしています。この曲は、自分のサッカー人生のマイルストーンである、登別大谷高校時代の全道制覇を思い出させてくれる、大事な曲です。いろいろなつらいことも思い出しますが、この大会を期に名前が知られ、やっと全国区になれた高揚感なども一緒に思い出します。今はYouTubeでどこにいても聞けますし、もちろん、自分のスマホにも入れています。

・姑息な相手には毅然とした態度で臨む

十一人が全員トライアル参加者というチームの場合、フォワードの選手が僕の足を引っ張って、自分の採用にこぎつけようとする場合もあります。僕がパスを出そうとした瞬間に、フォワードがわざと隠れて、僕がパスミスをしたという形で自分をアピールしようとするのです。先ほどとは逆のパターンですね。実はこれ、最初のうちはよくわかっておらず、怒りを内に秘めていたのですが、これだと相手になめられたままになってしまいます。そのことに気がついて、どうやったら状況を変えられるか考えた結果、「お前がそうやってパスを受け取らないんだったら、俺はもうお前にパスは出さないからな」とあえて攻撃的なことを、きちんと相手に言うようにしました。僕はミッドフィルダーなので、まだ中盤でボールにタッチできる機会がありますが、フォワードの選手にしてみれば、僕らからパスが回ってこなければ、全く見せ場がないまま試合が終わる可能性があります。相手も馬鹿ではないので、そう言うと態度が変わり「マイフレンド、マイフレンド」と手のひらを返して寄ってきたりします。

こういったことは、結局、相手に自分のことをどう受け取って欲しいのかという〝セルフプロデュース〟の考え方にも近いと思います。日本の常識だけで動いていると、こういったことはなかなかわかりづらいですが、世界に出てみると、自分のメリット、デメリットを最大限に考慮して行動している人たちがいますので、彼らに伝わるような方法を考えるのも大事なことです。

外国に行ってわかった、日本人の持つ世界で一番強力な切り札

僕は「一年一か国でプレー」という方針を掲げているので、毎年新たな国にコンタクトを取っては移籍し、シーズンが終わるとまた次の移籍先を探すというサイクルを繰り返しています。

気がつけば「アジアの渡り鳥」と呼ばれるようになりました。

最近ではメールやFacebookなど、ＩＴツールを使って移籍先の情報収集やコンタクトを取ることが多くなっていますが、それでも、最後は現地に直接行って、自分の足を使って移

籍の扉をこじ開けることが少なくありません。毎回この時に、「日本という国に生まれてよかったな」と思わされることがあります。

それは、日本のパスポートの強さ、信用力の高さです。

外国に行く時、国によってはビザという、入国するための身元審査の証書が必要になります。ビザの申請は国ごとに規定があり、観光や留学、就労など、滞在の目的によっても取得の難易度が異なります。この中で、俗に「観光ビザ」と呼ばれる、観光目的での短期滞在に関するビザは、旅行者の国籍によって申請を免除している国が多いのですが、日本のパスポートは多くの国で観光ビザがいりません。つまり、日本のパスポートを持っている人は観光目的であれば、ほとんどの国でビザを申請しなくてよいのです。

飛行機のチケットを買ってパスポートを持って空港へ行くだけで、アジアのいろんな国へ行くことができるというのは、実はものすごいアドバンテージです。

もし、僕がアフリカや南米の国々の人間だったら、ほとんどの国で観光ビザの申請が必要ですし、さらに保証人が必要な場合は、その国に自分を引き受けてくれる知人がいないと入国すらできないからです。これでは、直接現地へ乗り込んで何らかのツテをつくり、チームのトライアルに潜り込むという自分の最終手段が使えません。

アジアのサッカーチームを二十か国近く渡り歩いてきて、僕の記録は当分塗りかえられることはないだろうなと思うのは、こういう変わった視点でサッカーを続けている人が少ないということに加え、アジアの国々を自由に行き来できる立場の人でないと難しいという側面もあります。

日本のパスポートを持っているだけで、いろんな国に行ける。

他の国の人たちから見たら、うらやましくてしょうがない、すごく恵まれた立場に私たち日本人はいるのです。ですから、やる気があるのであれば、絶対に外へ出て行ったほうがいいと、僕はいつも感じています。

慣習よりも合理性が優先。便利なツールは積極的に使う

僕がはじめてアジアに出て行ったのは、二〇〇一年。この頃の日本は、ヤフーが「インターネット使い放題！」を打ち出し、定額制のＡＤＳＬで日本中にブロードバンド環境が爆発的に広がっていこうとしていた時です。一方、海外ではインターネットは普及しつつも、音声回線を使ったダイヤルアップ接続が一般的で、メールといえば、ケータイ電話同士のＳＭＳ、いわゆるショートメッセージが主流でした。ところが、しばらくたってくると、スマートフォンの普及と同時に、海外でFacebookがはやり始めました。僕がFacebookに参加したのは、確か二〇一〇年くらいだったと思いますが、すでにその頃には、海外のいろんな人たちから「イトー、Facebook使ってないのか?」と言われ続けていたのです。

当時の僕はmixiを使っていて、それで主に日本の人たちとつながっていたのですが、海外ではFacebookのほうが圧倒的にユーザーも多かったので、遅ればせながら僕も切り替えることを決意しました。いざ始めてみると、現在のつながりだけでなく、今まで自分がプレーしてきた国やチームの選手、関係者がすでにFacebookを使っており、何年ぶりかで連絡が取れたり、そこから新しいつながりができたりするようになりました。Facebookの使い方には賛否両論あるとは思いますが、僕の場合は、つながりのある人たちの情報が一気に入ってくることや、逆にこちらの状況をみんなに知ってもらうことができるので、かなり役に立っています。

Facebookに限らず、TwitterやLINEやmixiなど、SNS、いわゆるソーシャル・ネットワーキング・サービスのたぐいを使う場合は、僕はプライベートではなく、なるべく仕事に関する情報を掲載するというルールを決めています。ですから、基本的に誰に見られてもいい情報を掲載していますし、プロモーションツールとして「今、伊藤壇はこんなことをしています！」という、現状をお知らせすることに重きを置いています。その分、いろんな人からコメントやメッセージなどの連絡をもらいますが、空き時間などを使って、できる限り返事を書き、コメントはちゃんと見ていますといったようなレスポンスを返すようにしています。もともと、ファンの方からチーム宛てに届くハガキやファンレターなども、できるだけ絵はがきなどで返事を返すようにしていたので、それはインターネットに変わっても同じです。

何より、Facebookで「いいね!」やコメントがたくさん集まったり、Twitterで自分の投稿がいろんな人からリツイートされたり、お気に入りになったりすれば、自分のモチベーションも上がりますので、自分のためにも進んでやるようにしています。

ただ、日本を基準に考えてしまうと、選手はサッカーをすることだけに集中していればよく、面倒なことはすべてスタッフやマネージメントが対応すればよいという考え方になりがちです。一方、僕の置かれている状況は、基本的に自分で自分の情報を発信していかないと、物事が何も進みません。チームのスタッフが少ない分、自分が広報の仕事もやるし、フィジカルコーチがいない分、自分でトレーニングのメニューを考えたり、トレーニングの進め方を判断したりもします。チームドクターがいない分は、自分で体のケアをしたり、テーピングの巻き方も自分で覚えたりしています。しかし、それらは面倒なことではなく、むしろ、そういったもろもろが、最終的に自分を成長させてくれると信じているのです。また、自分のことを自分でやっているからこそ、売り込みの方法や交渉も自分のスタイルを貫くことができます。

ここ五年くらいは、Facebookでコンタクトを取って、そこからいろんな人を紹介してもらい、移籍にこぎつけるというケースが出てきています。特に、ブータンの場合は、Facebook上のメッセンジャーでチームのオーナーと直接契約交渉をして、最終的に契約が成立しました。これは、インターネット普及以前であれば考えられない移籍パターンです。

ことの始まりは、インドのプネーというチームに知人の末岡龍二選手が在籍しており、ブータンで行われるキングスカップに出場していたという彼のFacebookの投稿を僕が目にしたことでした。当時の僕は、ブータンへの移籍も視野にいれつつ、バングラデシュでトライアルを受けていたのですが、治安の悪化などから、バングラデシュへの移籍を断念すべきか判断するタイミングでした。そこで、ブータンとのコネクションがないかどうか末岡君に連絡を取ったところ、彼のいるチームに、たまたまブータンのチーム関係者が研修に来ていたのです。

末岡君から「早速、今から聞いてみます」という返事が返ってきた瞬間は、インターネット時代のすごさを感じずにはいられませんでした。相手が僕のメッセージを読めば、すぐに読んだとわかる（笑）。このレスポンスの早さはCVを航空便で送って、電話で確認していた時代には想像もつかなかったものです。

彼には、僕の大まかな情報をチームに伝えてもらい、一方でチームの給料イメージもリサーチしてもらいました。その上で、僕につないでもらい、交渉に入ったのです。最終的に、僕は契約が成立するまで一度もブータンへ行くことはありませんでした。これからは、こういったパターンも増えていくのかもしれません。

常に最悪の事態を想定して危機に備える

海外にいると、日本ではありえないことが頻繁に起こるので、いつからか、これ以上ひどいパターンはないだろうというくらいの最悪の状況を常に想定しておくようになりました。食事に行こうという話になった場合、日本だと定休日でなければ大抵は営業していますが、海外だと、お店の気まぐれで休んでいたり、店は開いていても品切れだったりということがあります。

例えば、「焼肉を食べに行こう！」という話になったとしましょう。そのままお目当ての店に向かうことはしません。まず、店が開いているかどうか電話で確認します。開いていたとしても、品切れの場合があるかもしれませんし、臨時休業で電話に出ないこともあります。

勝手に移転していたり、つぶれていたりすることもあるので、焼肉と決まった時点で、僕は最低でも三つは候補を決め、さらにダメだった場合、何に変えるかまで考えておくようにしています。とにかく、自分が想像している以上のハプニングが起こるのは海外では日常茶飯事なので、その場合でも臨機応変に対応できるよう、準備だけはしておいて損はありません。

荷物の管理なども、日本と海外とで大きくずれているポイントかもしれません。日本では、飲食店でテーブルやいすにカバンなどの荷物を置いて席取りをすることがありますけれど、あれを海外でやると、大抵荷物ごとなくなるか、何か抜き取られるでしょう。僕自身はものを取られたことはありませんが、一緒のチームにいた外国人は、滞在しているホテルで鍵のついている荷物を開けられ、貴金属を持って行かれたことがあります。

僕は日本にいる時でも、バッグに南京錠をかけたり、ロックしたりするように気をつけています。日本だと、人を信用していないようで、いやな気持ちを抱く人もいるかもしれないのですが、何かを盗まれたりするほうがもっといやなので、いやな思いをしないよう、自分から積極的に防御するようにしています。また、ダイヤルロックなどを使う場合は、必ずナンバーを「0000」のようにそろえておいて、怪しい動きがないかどうかチェックするようにしています。ひょっとしたら荷物の移動で動いてしまうこともあるかもしれませんが、明らかに別の数字に変わっていれば、誰かが開けようとしたとわかるので、より一層、荷物の管理に気をつけるよう手が打てます。

ベトナムにいた時は、給料が現金払いだったため、インフレも相まってスーツケースが札束で満杯になっていたことがあります。日本だとクロークや貴重品ボックスみたいなところへ預けておくのが安全なような気がしますが、海外ではそれも怪しいので自分で管理するしかありません。寝ている間に誰かが忍び込んでくる可能性もゼロではないので、お金の入ったスーツケースはロックをかけて枕元に置き、荷物の入ったスーツケースをドアの前に置いて、誰かがこっそり入ってきても、ぶつかって音が出るようにトラップを仕掛けました。

練習や試合で部屋を留守にする時も、お金を入れたカバンに鍵をかけ、それをさらに大きなカバンに入れてロック。その上でスーツケースに入れて南京錠もかけ、部屋のロックもしてという感じで、三重、四重、五重の備えをするようにしています。もちろんスーツケースごと持って行かれたらアウトなのですが、鍵の多さなど、警戒していることが見ればわかるので、泥棒の側も、これはめんどくさそうだなと避けるケースが多いようです。

「人を見たら泥棒と思え」という言葉がありますが、日本ではそこまで人を疑って生活すると、かえってトラブルになりそうな気もします。しかし、海外では、自分の想像をはるかに超えるハプニングも起こりえます。常に最悪の状態を想定することは、日本の生活に比べると、面倒で手間のかかることですが、今まで数々のトラブルに見舞われてきた僕が断言します。いやな思いをしないためにも、ぜひ、最悪の状態をシミュレーションして、危機管理していきましょう。

段取り八分、仕事が二分。事前の準備が身を守る

初めて海外に出た頃は、日本国内で旅行をする時のように「持ってなければ現地で買えばいいや」という感覚でした。むしろ、臨機応変に移動できるよう、荷物はできるだけコンパクトなほうがいいと考えていたのです。荷物が増えればその分だけ重くなりますし、それならば、現地で買って帰国する時に捨てるか、もしくは人に譲れば身軽に移動できます。ところが、長年海外でサッカーを続けていると、自分に合うものが現地になかったり、あったとしてもクオリティーが低かったりして、満足いかないまま使い続けることにストレスを感じることが多くなりました。結局、次は日本から持っていこうということが重なり、年々荷物が増えてきています。

荷物のパッキングについても、旅慣れているからすぐにできると思われがちなのですが、そんなこともなく、むしろこれは持っていくべきか、現地で調達できそうだから置いていくべきかといった見極めに時間をかけるようにしています。例えば、日本から持っていくようにしているものは、サッカーに関するアイテムだと、スパイクやテーピングなどです。これらは日本のものが圧倒的に優れており、海外のスパイクはクオリティーが低い場合や、偽物を売っていたりするので注意が必要です。また、テーピングのような消耗品は現地で購入したほうが楽なのですが、海外のものはネバネバしてストッキングなどにべったりくっつくので、毎日使っているとストレスがたまってきます。着るものについては、現地でなんとかなりますが、サッカーに関する道具と、食べ物は日本から持っていくのがベターです。

僕は海外の食べ物でも割となんでもおいしく食べられるほうなのですが、それでも国によっては食が合わずに体重が落ちてしまったり、体調によって現地の食べ物が合わなくなったりすることもあります。そのため、電子レンジで炊けるようなお米や、御茶漬け、ふりかけなど、保存の利く日本食を持っていくことがあります。大抵どの国でも日本の食材は売っています。ただし、日本の値段よりも三、四倍高いことがざらにあるので、悔しい思いをしないように、持っていくことが多いです（笑）。

また、風邪薬や頭痛薬といった医薬品のほかに、日常の体のケアのため、必ず低周波治療器を持っていくようにしています。これはクオリティーや、大きさ、使い勝手など、どの面から見ても日本製のものが断トツにいいと思います。僕はオーディオプレーヤーのように首に提げるタイプのものを愛用していて、電極パッドを服の下から気になる部分に貼り、本体を首から提げていると、はた目には音楽を聞いているような感じに見えます。これをほとんど毎日欠かさず使っていて、練習後にみんなと一緒に食事に行くような時でも、電気を流しながら、一緒に楽しくごはんを食べています。というのも、試合後や練習後のケアは時間が勝負です。特にケガや痛みを感じる時など、患部を冷やしたり、電極でマッサージをしたりしながらごはんを食べるのと、食べ終わってから処置をするのとでは、最終的に治るタイミングが大きく変わってくるからです。

日本だと、体のケアに関することは、専門のスタッフがすべてやってくれるので、ほとんど気にしたことがなかったのですが、今はすべて自分でやらなくてはいけませんし、チームを助けられるだけの働きをしないと、僕のいる意味がないですよね。ケガをした場合でも、日本では契約期間中はよほどのことがない限り、解雇されることもなく、治療などの面倒を見てくれますが、海外だと契約期間中でも選手に違約金を払って「契約解除」ということがよくあります。つまり、ケガが自分のクビに直結しているのです。そのため、ケガをする前にきちんとケアをしておくことや、もしケガをしたとしても、なるべく早くピッチに復帰できるようにするということが重要になってきます。時には無理して早めに復帰することもあります。体に違和感を覚えた時も、すぐに練習メニューを別にして欲しいとは言わず、なるべく他の選手と同じものをこなすことで、「年をとっているから」とか「ケガの多い選手」とレッテルを貼られないように気をつけています。

また、海外に出たことで気をつけるようになったことは、日本にいる間に歯医者で治療をするようになったことと、人間ドックを受け、自分の体をしっかりメンテナンスするようになったことでしょう。やはり、海外で歯の治療を受けるのは怖いですし、医療レベルの低い国に行ってから体の不調に気づいても遅いですから、そういった危機管理はきちんとするようになりました。

サッカー用品以外に持っていくもの。(上段右から)パソコン、ビデオカメラ、自撮り棒、電子辞書、ICレコーダー、変圧器、変換プラグ、(中段右から)CV、氷のう、低周波治療器、箸、足裏マッサージ棒、エクササイズバンド、(下段右から)薬類(痛み止め、解熱剤、胃腸薬、抗生物質、頭痛薬など)、ロキソニンテープ、『地球の歩き方』

僕の座右の銘とも言えるものに、「段取り八分、仕事が二分」という言葉があります。

僕の仕事はサッカー選手ですが、しっかり結果を出そうと思ったら、段取り、つまり事前の準備が八割、実際のサッカーが二割という意味です。僕はぱっと見た印象で、すごく大雑把な人間だと思われることがあるのですが、危機管理のための事前の準備はかなり周到に行っています。そのため、海外に行くと、「イトーのところへ行けば、必ず持ってるぞ」というのがすぐに知れ渡り、爪切りとか、テーピングとか、他の選手が勝手に僕のバッグを漁っていることがよくあります（笑）。

要求すべきは要求すること

僕は代理人や交渉人をたてず、移籍先のチームに「自分で自分を売り込む」ことをモットーにしているため、トライアル期間で結果を残し、マネージメント側から「君と契約したい」と言われてから、もう一つの戦いが幕を開けます。その戦いは、金額交渉ももちろんですが、それらをきちんと守らせるために、自分の立場を強く主張するという、日本ではあまり類のないものです。

僕の場合の金額交渉は比較的シンプルです。というのも、自分にとって、プロサッカー選手として必要な条件は、「サッカーの報酬だけで、オフシーズンも含めて生活できること」なので、事前に現地の物価を調べたり、以前からいる外国人選手に報酬の相場を聞いたりしておけば、ある程度の金額はあらかじめ想定できるからです。

例えば、毎月五千ドルあれば大丈夫とシミュレーションしたとします。金額交渉の場になって、僕が「七千ドルではどうか？」と少し高めの額を伝えると、相手は「いや、それは高い。三千ドルが限界だ」というように、低めの額を言ってきます。ここでお互いにいろいろと理由や事情を言い合って、最終的には「じゃあ、間をとって五千ドルでどうだ？」みたいな落としどころを探ります。大事なことは、自己評価を甘くしないことです。自分の置かれている状況や、自分の評価を冷静に判断し、強気に出ても大丈夫なポジションにいるのか、または、対応を間違えると契約そのものが飛んでしまうスレスレのレベルにいるのか、きちんと把握する必要があります。これを間違うと、最終の金額交渉で契約がフイになってしまうこともあるからです。

最終的に自分がシミュレーションしていた金額の範囲で収まれば、それが相手のつけた自分への評価だと素直に受け入れるようにし、金額が足りない場合は、住居や自動車、お手伝いさん、食事の提供など、お金以外のプラスアルファの条件を相手から引き出し、契約書に書いてもらって帳尻を合わせるようにしています。国によっては年間の報酬の半分を契約時に先払いするというチームもありました。

問題の多くは大抵そこから先で起こります。というのも、その約束がそのまま守られることはほとんどないからです。しかも、相手はこちらより一枚も二枚も上手なので、こちらから言いたいことをきちんと言わないと、いいカモにされます。

前にも書きましたがブルネイのチームにいた時のことです。住むことになっていた部屋にテレビがなかったので、契約の際に、部屋にテレビを置いてもらうことを条件に加えてもらいました。いざ契約書にサインをしようとしたら、その文言が契約書に書いてありません。「逃げられるといけない」と思い、「この下に、新しいテレビを買うと一文書いてくれ」と伝え、契約書にわざわざ一文書き加えてもらいました。それにもかかわらずいつまでたっても一向にテレビは届きません。さすがに二か月くらいでしびれを切らして、「今週末までにテレビが用意されなかったら、今週末の試合には出ず、日本に帰る」と強い口調でマネージメントに伝えました。すると、翌日新しいテレビが部屋に届くわけです（笑）。

ブルネイのサッカーチームは王族が絡んでいたので、お金は当然ありますし、新しいテレビを買うことくらい訳もない。でも、相手は、あいつが言ってこなかったら買わずに済むかもくらいに思っているんです。日本だと、もらう約束になっているとはいえ、相手に何度も催促するのは申し訳ないという感覚があるんですが、それだと永遠にテレビは届きません。海外に住むにあたっては、そういうことはきちんと強く言う姿勢が大事です。

また、給料の支払いが二、三か月遅れることもよくあるのですが、特に契約最後の月の給料はかなりの確率で支払いが遅れます。しかも、場合によってはマネージャーなどがピンハネする場合もあります。

外国人選手はシーズンが終わると大抵母国へ帰ります。日本人の感覚だと、チームや家の大家さん、その他、お世話になったいろんな人に挨拶回りをして帰国日を知らせたいところです。給料についても「僕は〇月〇日出発のチケットを買ってあるから、今月分の給料、早めに払ってくれよ」と言いますよね。でも、海外でそれを言ったら、もうアウトです。「ああ、こいつは○月○日に帰るのか。じゃあ、そこまで支払いを引っ張れば何とかなるな」と、相手に手の内を見せてしまうのと同じなのです。

給料の支払い担当のマネージャーは、僕にこう言ってくるでしょう。

「イトー、俺ではなくチームの問題で、まだ給料分が銀行に入金されていないんだ。このままだと来週までに払えない。その代わり、お前が困っているのはよくわかっているから、何とかお金をかき集めて三千ドルだったら明日払ってあげるよ。もし五千ドル満額欲しいのであれば、来月までまたないとダメだ」と。

こっちはすでに飛行機のチケットも買って、家の退去も決まっていますし、何より早く帰国したいと思っていますから、それでもいいや、お金がもらえるならと手を打ってサインをしてしまう。すると、残りの二千ドルはそのマネージャーのポケットに入ってしまうわけです。

家のデポジット（保証金）もこれと似た話があります。日本だと家を借りる時に関東では敷金、関西では保証金という呼び名で、あらかじめお金を預けますが、通常は退去する際、もしくは退去した後に戻ってきます。しかし、海外の場合は、デポジットもなるべくなら返さずにすませようとするので、日本と同じような感覚でいるとまず受け取ることはできないでしょう。

例えば、月の家賃が千ドルの家に住むとして、デポジットを家賃二か月分の二千ドル払ったとします。シーズン中は当然、毎月千ドルの家賃を払い続けますが、僕は家を退去する二か月前から家賃の支払いをやめてしまいます。当然貸し手からは「なんで家賃を払わないんだ」と言われますが、迷わず「デポジットがあるんだから、それで埋めてくれ」と返すことにしています。もしここで日本のように退去月まで家賃を払い続けたらどうなるでしょうか？　こちらは外国人ですから、退去するということは国外に出て行くということです。先ほどの給料の件と同様、相手は時間を引き延ばしさえすれば、お金を渡さずに済むので、あれこれ理由をつけて逃げ切ろうとしたり、半額とか八割だったらすぐ返せるけれど、満額だと間に合わないみたいなことを言って、ポケットに入れようとしたりします。僕も最初は真面目に最後まで払って、デポジットを回収できず、いやな思いをしました。

ちなみに、日本人以外の助っ人外国人選手もやっぱり退去前はデポジットを使って支払いに当てているので、真面目に払っているのは残念ながら日本人だけのようです。こういった情報は、ぜひ日本人同士広く共有して、新たなカモが生まれないようにしたいと思っています。

ガラケーの電源を切る瞬間、サッカー選手としての電源が入る

インターネットと同様、ケータイ電話の環境も国によって状況が異なります。ケータイを使ったモバイル環境でのインターネット接続は、速さに限って言えば、日本は断トツのクオ

リティーだと思いますが、日本と海外を行き来する場合は、不便なこともあります。それはSIMロックの問題です。

SIMロックという言葉は、最近日本でもいろんなところで取り上げられるようになっているので、知っている人もいると思います。

ケータイやスマホを使うには、SIMカードという小さなカードを本体に挿す必要があり、このカードには契約している通信業者や電話番号などの情報が登録されています。日本で普通にケータイを使っている場合は、SIMカードについてあまり意識する必要がありません。契約の際も本体にカードを差し込む作業なども、お店の人がやってくれます。SIMカードはサイズにいくつかのバリエーションがありますが、規格は世界共通なので、一般的にはSIMカードを差し替えることで、同じケータイを世界中どこでも使うことができます。SIMカードの差し替えによって、電話番号も変わりますが、その国の中で使う分には使用料金も安いので、特に問題はありません。日本のSIMカードのまま世界で使用することもできますが、それはローミングというサービスを使うため、使用料が一日当たり数千円ほどかかり、海外で生活したり、長期滞在したりする場合は現実的ではないでしょう。

さて、SIMロックとは、ケータイ本体に制限をかけ、他の通信業者のSIMカードを入れても使えなくするものです。日本だけでなく、海外でもこの仕組みを使っている国もありますが、SIMカードを差し替えてもケータイ本体が電波を拾わないため、購入時に契約した通信業者のもとでしか使用ができません。これだと、海外にケータイを持っていっても現地の回線が使えませんし、ローミングを使用すれば、とんでもない高額請求に見舞われます。

僕の場合、シーズン中は海外のチームでプレーをしていますが、シーズンオフになると日本に戻ってくることが多いです。最初にシンガポールへ旅立った時は、日本のケータイは解約し、海外でSIMフリーケータイ（SIMロックの解除されたケータイ）を購入して使っていました。シンガポールと日本とでは通信規格が異なるため、これだと日本に戻ってきた時にそのケータイを使うことができず、今みたいにLINEやFacebookも普及していないので、人と連絡を取る手段がありません。電話ボックスから手帳を見ながら電話するという超不便な時代でした（笑）。そこで、途中から日本ではガラケーを持つようにし、出国する際に一時的にサービスを止めて、海外ではSIMフリーのスマホで、国によってSIMカードを差し替えて使うようにしました。

最近は日本でもSIMフリーのスマホが使えるようになっているので、日本に滞在する時は三千円位のプリペイドのSIMカードを買って主にインターネットやLINEやFacebookなどの情報ツールとして使い、ガラケーは電話専用にしています。そして、再び海外に行く際は、空港でガラケーの電源を切り、到着先の国で新しいSIMカードを買ってスマホに入れ、ガラケーは再び日本に戻ってくるまで、電源を切ったままスーツケースに入れっぱなしという感じです。

ですから、ここしばらくは、飛行機に乗る前のガラケーの電源を切る瞬間に「いよいよ旅立ちだ」という気持ちになりますし、同様に空港に着陸しガラケーの電源を入れる時は、毎回「ああ、日本に戻ってきたな」と強く感じます。ケータイのスイッチが、自分のサッカー選手としてのオン・オフのスイッチにもなっているのです。

ネパールでゴール前に牛がうろついているピッチで試合。

6

自分を変える

自分が変わると、
相手の対応も
変わっていく

人間誰しも知らないことには臆病になる

日本もグローバル化の流れにいやおうなく巻き込まれ、誰でも知っているような大企業がつぶれたり、統廃合を余儀なくされたりしているので、さすがに「いい大学へ行って、いい会社へ入れば人生安泰」というわけにはいかなくなってきました。

スポーツ選手の場合はさらに過酷で、才能と努力で高校、大学、プロもしくは実業団という道を切り拓いていっても、何かの拍子に転げ落ちることは十分にありえます。しかも、定年が六十歳近くまであるサラリーマンと違い、体を酷使するスポーツ選手の現役時代は、それよりもだいぶ短くなります。

いずれであっても、日本全体で見れば、ずっと同じ場所で同じ待遇、もしくは年月とともに待遇が向上するという人は、少数派になってきています。少数派以外の人たち、つまり大多数はどうしているかといえば、別の会社や職業についたり、自ら独立したり、何らかのチャレンジをして生きています。その中には転落してしまう人もいるかもしれませんが、逆に大成功を収める人もいます。すでにたくさんの人が多様な生き方を歩んでいるにもかかわらず、日本人の多くが進学–就職–定年というサラリーマン人生の模範ルートから外れることを極度に恐れているように感じます。まあ、自らの甘さでベガルタ仙台をクビになり、早々にルートを外れた僕に言われたくないかもしれませんが（笑）。

「企業の寿命は三十年」という言葉があるそうですが、これは創業した社長が高齢になり、時代の変化に追いつけずに事業が傾いたり、次の世代への継承が上手くいかなかったりすることからきているそうです。人間にとって三十年という時間は想像以上に長いのです。例えば今、四十代以上の日本人であれば、ほとんどの人がうなずいてくれると思うのですが、三十年前の日本のサッカー、特に大人のスポーツとしてのサッカーは、ないに等しいくらいの扱いでした。プロ選手のいるスポーツは、野球と相撲（選手ではなく力士ですが）が圧倒的な存在感を放っており、かろうじてテニスやボウリングがあったくらい。多くのスポーツは実業団、いわゆる企業所属のチームとして活動を続けていて、サッカーもその中の一つだったのです。

その当時の人たちに、「三十年後、サッカーはプロ化して、野球と肩を並べますよ」と言ったところで、どれくらいの人が信じたでしょうか。一九九三年にJリーグが開幕した当時ですら「プロサッカーチームなんて、ヨーロッパではともかく、日本ではうまくいかない」と言っている人がたくさんいたくらいですから。

とにかく僕の言いたいことは、今、当たり前だと思っていることは、つい三十年前はそうではなかったということ。そして、同様に三十年後の未来もわからないということです。

日本の人たちは、いろいろとカテゴリを作ったり、物事を最適化したりすることは得意なのですが、そこから外れた場合のリカバリーや、救済方法、別ルートの築き方があまり得意ではないように感じます。一緒に仕事をしている編集さんから聞いた話も、その典型かもしれません。彼の息子さんの夢は浦和レッズに入ることだそうです。浦和レッズにはジュニアユースやユースチームがあるのですが、子どもなりにいろいろと調べたのでしょう。「下部組織に入れなかった場合はどうしたらいいの？」と聞かれ、彼は「高校のサッカー部で技術を磨いたらいい」と答えました。「じゃあ、サッカー部の後は？」とすかさず聞かれた問いに、思わず考えて込んでしまったというのです。それは、息子さんが提示した「浦和レッズに入りたい」というゴールに対して、いろんなルートがあることを提示できなかっただけでなく、「浦和レッズ以外にもサッカーチームはある」ことや、「日本のチームだけでなく、世界中にたくさんプロサッカーチームがある」ことなど、プロサッカー選手として生きていく道について、あまりにも知識が不足していることに気づいたからでした。

息子さんの「浦和レッズに入りたい」という気持ちは本心だと思うのですが、世界中のチームを知った上でそう言っているわけではありません。ひょっとしたら彼に最適なチームがほかにあるかもしれないし、日本だけでなく世界のチームを経由して浦和レッズに行くことだって可能だからです。

しかも、高校卒業後うまいこと浦和レッズに入れたとしても、サッカー人生の最後まで浦和レッズでプレーできる保証はありません。レンタル移籍に出されることや、解雇されることだってあります。しかし、それによって選手生命が閉ざされるわけではないのです。たまたまそのチームにとって、自分がフィットしなかっただけで、移籍したチームで才能を開花させるということはよくあります。本人次第では大学を経由するなど、いろんな道から最終目標にたどり着くこともできるのです。

人間誰しも、知らないことや経験のないことには臆病になるものです。

ですから、もし自分にやりたいことがあり、その一歩を踏み出すのが不安であれば、まずは情報を集めることです。そして、できれば実際にやったことのある人に会ったり、話をしたりして、より詳しく、深く知ることです。その上でもなお、やりたいと思うことであれば、挑戦したらいいでしょう。その判断も人任せにするのではなく、自分で決めることができればよりうまくいくはずです。なぜなら、自分が決めたことで、より積極的に行動するようになりますし、うまくいかなくても人のせいにせず、自分で責任をとる心構えができるからです。

芝のコンディションに文句を言う選手は、芝の上でサッカーができることを感謝したほうがいい

今思えば、日本でプレーしていた時の僕は、チームのサポートにも恵まれ、それゆえに甘えていた部分がありました。今の自分が当時の僕に会ったら言いたいことは山ほどありそうですが、当時から高いプロ意識を持ってやっていたら、解雇もされなかっただろうし、今の自分の生活がありません。僕は今のスタイルでサッカーをするのが楽しいし、性分に合っているので、やっぱり「今のままでいいよ」と言うかもしれません（笑）。

どんな環境でもお金をもらってサッカーができるというのは本当に幸せなことだ。

ただ、僕にはアジアでサッカーをする生活が楽しいと思えても、人によっては全然違う場合もあるはずです。アジアの国々のサッカーリーグは、Jリーグに比べたら環境の悪いところも多いです。

芝のコンディションが悪いと不満を口にする選手は、芝の上でサッカーができることの幸せをもっとかみしめたほうがいいでしょう。僕は芝どころか、ラインの引いていないグラウンドで練習試合をさせられたり、ゴール前に牛が寝ていたり、チームにボールが二個しかなかったり、チームメイトがジーパンをはいたまま練習に参加したりという、サッカーをする以前の問題というか、プロとはいったい何なのかについて深く考えさせられる場面に何度も遭遇してきました。

そうは言いながらも、僕もアジアに渡って五年くらいは「日本だったら」という言葉を思い浮かべない日はありませんでした。自分のいる国と日本とを比べては、悶々とストレスを抱えながらサッカーをしていたこともあります。日本と海外とでは、選手のサッカー観が全く違いますし、チームと選手個人の関係も全然違います。日本人のいい面であり、悪い面でもある「全体のために、個人は我慢」という考え方は、ほとんど通用しません。そういう場面に遭遇する度に、自分の中にある「日本の基準」がムクムクと頭をもたげてきたのですが、最終的には、「ここは日本じゃないんだから、郷に入っては郷に従えだ」と思えるようになりました。自分で好んで日本を飛び出してこの国へ来ているのだし、給料だって、日本ではなくその国からもらっているわけですしね。

ここ最近は、むしろ「日本が特殊なのでは？」と思うことが増えたような気がします。

例えば、時間を守る意識なども、実は日本だけがしっかりしていて、海外だとほとんどの国は平気で遅れてきたり、守らなかったりしてもケロッとしています。シーズンが終わって帰国し、次の移籍まで日本で過ごしている時は、居心地のよさを感じる一方で、ゴミの分別などは、あまりに厳しくて息苦しく感じることもあります。電車の中などでケータイを優先席のそばで使ってはいけないというマナーは、最近東京の鉄道だとルールが変わったみたいですが、ペースメーカーへの誤作動問題はもうとっくに解決しているみたいなのに、いまだにダメというところもあるようです。そもそも緊急事態にしゃべれないのであれば、電話を携帯する意味がないのでは……と思ったりもします。

だからといって、今度は「海外では」という目線で日本を悪く言う気持ちはありません。日本しか知らなければ、その国のルールが世界でも共通だと思ってしまうのは、かつて自分がそうだったように、仕方がないことだからです。

ルールや価値観を百八十度転換させることは、大人になると難しいことかもしれませんが、日本を外から客観的に見られるようになることは、これから一層グローバル化がすすむ日本としては、最も必要なことではないでしょうか。

自分の言いたいことや相手の言いそうなことを、あらかじめ英文にしておく

僕は二十近い国にプロサッカー選手として住んでいるので、よく「何か国語しゃべれるんですか？」と聞かれるんですが、実は英語も日常生活に困らないくらいのレベルです。現地の言葉は地元の選手やスタッフと打ち解けるために覚えますが、それもあいさつ程度の簡単なものです。

僕がはじめて海外でサッカーをしたのはシンガポールでした。シンガポールの英語は別名「シングリッシュ」と言われるくらい、中華系やマレー系の影響を受けたクセの強い訛りがあります。しかし、当時の僕はそれ以前に、学校で教わった英語も忘れかかっていて、同い

年の日本人の知人を通訳代わりに頼んでいました。ところがある時、ロッカールームにオーストラリア人の監督が入ってきて、すごい剣幕で何かしゃべってきたことがありました。僕はさっぱりわからなかったので、通訳の彼に聞いてみたら「何言ってるか、全くわからへん」と言われ、なんだ、彼に頼むくらいだったら、自分で頑張ったほうがいいんじゃないかと思い、そこから英語を勉強し直す決意をしました。

その頃はオフでも日本人ばかりとつるんでいたので、ほとんど英語を話す機会もなかったのです。これではせっかく海外に来ているのに人間として成長できない。もっと積極的に海外の人たちと関わっていこうと思い、「十か国でプレー」という目標も定めました。

サッカーをプレーする際は、現地の言葉でやり取りすることもありますが、パスやシュートといったサッカー用語は基本的に英語ですし、国際的な競技のため、いろいろな書類や規則も英語で記述することになっています。例えば、別の国へ移籍することが決まった時、今まで在籍していたチームは退団時に、すでに契約が切れたことを証明するリリースレター(Release Letter)を発行するのですが、レターはどこの国でも英語で書かれています。また、移籍する際の契約書も英語で書かれているため、契約事項がきちんと記載されているかどうか、チェックするためにも、最低限の英語読解能力は必要です。

今、サッカーをはじめ、スポーツが得意で将来プロを目指している中学生や高校生の人たちに伝えたいことがあります。それは「英語の勉強はやっておいて損はない」ということです。中学や高校の頃は、受験以外で英語がすぐに役に立つことはあまりないかもしれませんが、英語が得意なことで損になることはないですし、今後は僕のようなサッカー選手だけでなく、日本の社会全体が英語と積極的に関わっていくようにもなるからです。子どもの頃の僕は、とにかくサッカーさえやっていれば未来の道がぐんぐん開けていったので、英語どころか勉強そのものもおろそかになりがちだったのですが、一生サッカーで食べていける人はほんの一握りです。その一握りに入れなかった時、自分を助けてくれるのは、実は英語だと思うのです。

だからといって、難しい英語を新たに勉強する必要はありません。契約書の書式を学ぶとか、交渉用のハイレベルな言い回しを勉強するといったことも無用でしょう。僕がアジアの国を回っていて痛感するのは、日本の中学や高校で勉強した英語は、本当にベーシックで「使える英語」だったということです。僕も一応、高校では進学クラスに入っていましたが、その頃の僕にとって、英語はテストで点を取るためだけに勉強するもので、テストが終わると頭の中からパーッと、きれいさっぱり消えてしまっていました。そこで、新しい教材を買うのではなく、北海道で勉強していた当時の教科書や参考書を引っ張り出して、消えてしまった記憶を取り戻すべく、それらを復習することにしたのです。

余談になりますが、歴史や地理なども、中学や高校で使った教科書や資料集を読み直してみると、とても勉強になります。特に、僕はアジア各国を移動しているので、それらを眺めて、国の位置や歴史、文化の背景、産業など、ざっくりとした知識を頭に入れるようにしていて、過去には中学時代の地図帳を見て、次の移籍先の国を決めたこともあるくらいです（笑）。さすがに年数がたっているので、西ドイツと東ドイツがあったり、ソビエト連邦があったりというように、国の名前が変わっていたりしますが、日本の輸出では自動車が多いとか、ブータンは農業が中心だとか、そういった国の情報はあまり変わっていません。これらを覚えておけば、大人になって社会に出ても困ることはないと思います。

伊藤壇式、英語上達法

僕の英語はいまだに発展途上なので、人に上達法を教えるレベルではとてもないのですが、それでも、昔の自分よりも上達していることは確かなので、自分がやってみて効果があったことを、読者の皆さんにもお伝えしたいと思います。

・想定問答集を自作する

僕の場合、試合中のコミュニケーションや日常会話だけでなく、契約交渉のような少し込みいった話も英語を使わなくてはいけないので、最初の頃はとても苦労しました。その頃の僕がやっていたのは、「自分の言いたいことと、相手が言いそうなことを、あらかじめ英文にしておく」ということでした。

例えば、

チーム「月の給料は三千ドルでどうだ？」

僕「いや、それでは低すぎる。七千ドルは必要だ」

チーム「チームとしても君を高く評価しているから応じてあげたいが、チームの財政状況も厳しいから四千ドルが精一杯だ」

僕「前にこのチームにいた○○は八千ドルもらっていたと聞いているが」

チーム「状況が変わっているからその額は今では不可能だ。ただし、僕がオーナーに掛け合ってあと二千ドル足してもらうようにお願いしてあげよう。六千ドルで手を打ってくれないか」

僕「わかった。では、その代わりに住居と車も用意してくれ」

といった交渉のストーリーが思い浮かんでいるとします（笑）。これを一文ずつ英訳して、英語の台本みたいなものを作っていくのです。学校のテストではないので、完璧な英作文をする必要はありません。大事なことは、こういう言い方をしたい場合は、どんな英語表現や単語を使えばいいのか知ることです。相手の返答は当然全く違うパターンになる場合もありますが、交渉の際はレコーダーやスマホで録音していますので、その時に相手の言っている言い回しがわからなくても、後で聞き返せば、新しい表現を覚えることができます。

これを繰り返していくと、契約交渉時に使われる大抵の英語表現はマスターできます。この「想定問答集を自作する」方法は、契約交渉に限らず、チームの練習にはじめて加わる時だったり、お店で買い物をする時だったり、電話をする時だったり、何か英語でコミュニケーションを取らなくてはいけないシチュエーションにも応用が利くのでおすすめです。

・SMSで簡単な英語の応対を覚える

日本だと、キャリアメールのように、ガラケーでも長文が打てる仕組みになっていますが、海外のケータイは電話番号宛てにメッセージを送るSMS（ショート・メッセージ・サービス）が主流です。短い文字数で、相手にメッセージを伝えるため、短縮した言葉で送ることも多く、Pls（Please）やTks（Thanks）のように、知らないとわからない単語もたくさんあります。海外に出て行った頃は、これらがわからず、チームメイトや親しくなった人に教わって、覚えていきました。ちなみに、こういった短縮した英文は、Facebookのメッセンジャーやメールなどでも使って書いてくる人がいるので、知っておいて損はないと思います。

・映画などを見て、耳を英語に慣らす

英語の読み書きができるようになっても、相手が言っていることが聞き取れなければ、会話ができません。そこで、僕は映画のＤＶＤを買ったり借りたりして、英語の会話を注意して聞く練習を繰り返しました。ネイティブ同士の遠慮ゼロの会話ですから、当然ほとんどわかりません。それでも、あらすじを知っているものであれば、何となく全体の流れはつかめますし、日本語字幕のあるものなら、字幕を手がかりに英語表現を聞き取れる場合がありま す。これを続けながら、実生活でも英語を使ってコミュニケーションを取っていると、ある時、ふっとワンフレーズが聞き取れることがあります。早速それを日々のコミュニケーションに使い、自分の言葉の引き出しを増やしていきました。

ちなみに、アジアにいると、英語がネイティブなのはフィリピンやマレーシア、シンガポールなど、一部の国のごく一部の人たちに限定されるため、大抵は、その国訛りの英語を聞き取ることになります。これがまた聞き取りづらく大変でした。英語が母語であるはずのオーストラリア人の英語も、日本人が学校で習うアメリカ英語やイギリス英語とは少し違って

いて、シンガポールから移籍した時も、だいぶ苦労しました。

・わからなくても、果敢に攻めて「話す」

子どもが言葉を覚えていく様子を思い浮かべるとわかりやすいと思うのですが、言葉の習得が速い人は、恥ずかしがらずにどんどん人前に出て、失敗を恐れずに話しているケースが多いです。これは僕の友達の話ですが、元Jリーガーで、中学時代にブラジル留学を経験するなど、海外経験が長い選手がシンガポールへ移籍してきました。「英語は大丈夫なのか?」と聞いたら、「僕、海外経験長いから、余裕っすよ」とチームの中に入っていって、練習後もチームメイトと何か楽しそうに話している。すごいなぁと思って、近くに行ってみたら「イエス・アイ・ドー」(笑)。ところが、三か月もたつと、勢いだけでなく、本当にペラペラになっているのです。「壇さん、監督の言ってる話が全然わからないから今日一日でアイ・ドン・ノーを五十回も言っちゃいましたよ」とか言っていた人間がです。

日本の英語教育の問題なのか、日本人のメンタリティーなのかわかりませんが、間違った英語を話すことに、必要以上に臆病になっている人は多いような気がします。でも、外国の人も完璧な英語を話しているわけではありませんし、そもそも私たちがふだん話している日本語だって、会話では「てにをは」を間違えている場合もありますから。海外の人は、お互い英語が母国語でないこともあってか、こちらが言おうとすることを辛抱強く聞いてくれるパターンが多いです。この姿勢も、日本人が逆に学ばなければいけない点かもしれません。

・知らない言葉や表現が出てきたら、すぐに調べるクセをつける

街を歩いていてわからないフレーズや単語が出てきたり、何かを読んでいてわからない表現が出てきたりしたら、僕はすぐに辞書をひくようにしていました。この辞書も、新たに買った物ではなく、高校時代に使っていた古いものです。最近はスマホを使えばすぐにグーグルで調べられるので、ラクになりました。物事を学ぶ場合、大事なことは「興味を持つ」ことだと思います。高校時代の英語は、テストで点を取るためのものだったので、テストが終われば、すぐに頭から消えていってしまいました。しかし、海外に出てからの英語は、自分の生活に直結しているので、わかることが多ければ多いほど、毎日の暮らしが楽しくなります。英語に限らず、いろんなことに興味を持って生活していれば、どんなことでも深く、広く、もっと調べてみようという気持ちになり、勉強することが楽しくなります。大人になっ

て中学や高校の英語の教科書を読んだ時、あれだけ苦痛だった教科書が、どんどん頭の中に入ってきて不思議で仕方がありませんでした。勉強の目的とか、メリット云々ではなく、「知りたい」という気持ちが何よりも大切なのかもしれません。これは本当に不思議です。

・異性とメッセージのやり取りをする

これは全世界共通のネタだと思います。英語はコミュニケーションを取るためのツールですから、コミュニケーションを取りたい相手が英語を話していれば、当然英語に対するモチベーションも上がります。外国語を覚えるなら、その外国語を話せる彼女や彼氏を作るのが一番早いという話を聞きますが、確かに「あの子と楽しくお話ししたり、デートができたりしたらいいな」と思えば、それを実現すべく勉強するようになると思います。

実は僕も、なるほどと思い、昔チャレンジしてみたことがあります。女の子から返ってきたSMSに「impossible」という単語がありました。当時この意味がわからず、ポジティブな気持ちで辞書を引いてみたら「impossible＝不可能な」でした（笑）。「ああ、ダメってことか……」と。まあ結局、海外の人とはいまだに付き合ったことがないので、僕の英語がいまひとつ上達しないのも、仕方がないのかもしれません。

第一印象が勝負！自己紹介で自分を売れ！

意外とおろそかになりがちなことのひとつに、第一印象の大切さがあります。

はじめて会う相手に緊張してきちんと自分の説明ができなかったり、あいまいな挨拶をしてしまったりした経験はありませんか？

「時間をかけてわかってもらえばいいから、最初はそんなに気にしなくてもいいと思う」

確かにそういう考え方もあるかもしれません。しかし、僕のように、相手との関係を築くための時間が限られている人にとっては、そう悠長なことは言っていられません。毎日たくさんの人と会う営業マンや、新規のお客様ばかりを相手にしているビジネスマンの方も、同様だと思います。

できるだけ早く相手との関係を築いて、次のステップへ進む。そのためには、第一印象でしっかり相手にインパクトを与えることが鉄則です。

僕の場合だと、はじめてチームのトライアルに顔を出す時が、自分を知ってもらう最初のタイミングになります。まず、ビシッとした格好をしていくこと。見た目の印象は自分が思っている以上に重要です。そして、挨拶する際に自分の名前を言うのですが、ここでしっかり相手の記憶に残るような仕掛けをします。

アジアに来たばかりの頃は、日本でやっていたのと同じように「僕の名前は伊藤壇。ダンと呼んでくれ」と言っていました。ところが、ダンという名前は外国人にも多いので、相手の印象に残りません。何かいい方法はないだろうか……と考え、名前を言う段階で、相手にインパクトを与えられるようなネタを探すことにしました。

その当時、ヨーロッパで活躍していたスター選手の中に、エトーというカメルーン人がおり、ある日、彼のスペルが「ETO'O」ということに気づきました。僕の名字（ITO）と似ています。そこで、「マイ・ネーム・イズ・イトー。ノット・エトー」と言ってみたところ、どこでも爆笑されて、それ以来、自己紹介する際の鉄板ネタになりました。こういったことはセルフプロデュース、いわゆる自分で自分の見せ方を考える一環でもあります。以前、オランダのチームに移籍した本田圭佑選手が記者会見の場で「車のホンダではありません」と言って、会場を沸かせていたのを見たことがあります。海外の人たちからしたら、ホンダといえば、まず自動車やオートバイを思い浮かべるので、それを前提にしたダジャレみたいなものですね。

ありきたりな名前の人は、こういうちょっとした工夫で、自分を売り込む鉄板ネタをつくったらいいと思います。

こうして自己紹介で相手の心をつかんでしまえば、あとはピッチできちんと実力を出すだけです。仮に同じ実力を持った選手が二人いたとした場合、どちらか片方の第一印象がよければ、その人が採用される確率は高くなるはずです。

自分の成長に合わせて、目標は柔軟に変えていく

どのタイミングだったのか、新聞か雑誌で僕のことを「アジアの渡り鳥」というキャッチコピーで紹介してくださり、それ以降、この言葉が僕を表す代名詞のようになっています。

アジアを目指すきっかけとなったのは、もちろん、シンガポールに住んでいる間にアジアの文化やサッカーに興味を持ったことが大きな理由の一つです。しかし、最大の動機は、日

本サッカー界が世界を目指す際、アジアとの戦いは避けて通れないということを痛感したからなのです。ワールドカップにしてもオリンピックにしても、日本はまずアジア予選を勝ち抜かねばなりません。ところが、果たしてどれくらいの人が対戦国となるアジアのサッカーについて知っているのでしょうか？　ましてや、アジアのサッカー情報に精通したエキスパートや代理人は皆無です。

このポジションに立てる人間は、今、僕しかいないと言ってもいいと思います。これが、アジアにこだわって移籍をするという、僕のライフワークを決定づけた大きな理由の一つでした。そして、移籍を続けていくに従い、その思いは「日本とアジアのかけ橋になりたい」という将来の具体的な目標へと変わっていきます。

もとはと言えば、シンガポールに行ったのも、とにかく海外でプロサッカー選手になりたいというところからスタートしています。ですから、日本を離れる時に僕が立てた最初の目標は、「外国でプロサッカー選手として活躍する」でした。しかし、実際にシンガポールのウッドランズと契約して一年間を過ごしてみると、確かにサッカーはできたし、多少のお金も残ったけれど、人間としてあまり成長していないと感じました。サッカー以外の時間は、ほとんど日本人とばかり一緒にいたので英語も全くといっていいほど上達せず、コミュニケーション不足からチームメイトにも溶け込めずにいたのです。せっかく海外に来たのに、これでは意味がない。今までの考えを改め、次の目標を定めることにしました。

シンガポールでいろんな日本人に会い、サッカーについて語り合っていると、ヨーロッパのサッカー事情に詳しい人は多いのに、地元のシンガポールを含め、アジアや南米など、ヨーロッパ以外の情報を持っている人が案外少ないことに気づきました。そこでシンガポール以外のアジアの国でプロのサッカーリーグを持っているところはどれくらいあるのだろうと、興味本位で調べてみると、ちょっと見ただけで、自分の思っている以上に多くの国でサッカーリーグが開催されていました。どうやらアジアにも結構な数のサッカーリーグがある。ならば、これはチャンスかもしれない。人のやらないことをやってみようと思い立ち、ここで初めて「十か国でサッカーをする」という目標を設定したのです。

この時、僕の年齢は二十六歳。サッカー選手としての賞味期限を考えれば、それほど多くの年月は残されていません。仮に一年一か国のペースで移籍していっても、十か国を達成するには十年の月日が必要で、僕は三十六歳になっています。

これは急がなくてはまずい。

目標を設定したことで、僕はすぐに行動を起こしました。自分のいるシンガポールから一番近い国、マレーシアに照準を定めたのです。記憶をたどれば、大学三年生でシンガポールを訪れた家族旅行では、同時にマレーシアにも滞在しており、しかも、ホテルで何げなくテレビをつけた際、ブラウン管に映っていたのはマレーシアリーグの試合だったことも思い出しました。その時はアジアでサッカーをするなんて夢にも思っていなかったのに、ちゃんと記憶に残っていた。これは運命かもしれない。そう思い、次の移籍先をマレーシアのチームに絞ったのもつかの間、調べてみると、シンガポールからの移籍は、ワンシーズン空けなくてはならないことがわかりました。というのも、過去、シンガポールのチームはマレーシアリーグに参加していたのですが、お金を積んでマレーシアの選手を引き抜き、リーグで高成績を収めたり、中には優勝するチームが出てきたりして、両国の間に軋轢があったようなのです。結局シンガポールがマレーシアリーグを脱退し、独自リーグを作ったという経緯もあって、シンガポールからマレーシアへ移籍する場合は、ワンシーズン空けてからという規定ができたのでした。

マレーシア行きを断念し、他の移籍先を探っていた時、シンガポールで一緒だったオーストラリアの選手がオーストラリアで監督をしているという情報が入りました。電話をかけてみたら、ほとんど交渉らしい交渉もなくウエストゲートへの移籍が決まりました。そういう意味では、僕の交渉人生はオーストラリアの次、三か国目のベトナムからが本番と言えます。ちなみに、この頃の計画では、十か国目の国はモルディブで迎える予定でした。モルディブは日本人にも人気の場所で、綺麗なビーチが有名です。十か国達成の記念に、ビーチで寝転がりながら一杯飲んで祝おうという腹づもりでしたが、実際はそうはなりませんでした。というのも、ブルネイのチームの契約が切れた時、ちょうど移籍可能期間であるトランスファー・ウィンドウが開いていたのがモルディブだったためです。八か国目でモルディブに行くことになってしまいましたが、小さな島に何万人も暮らしている様子を目にし、思い浮かべていたような優雅な状況でもありませんでした。一生懸命頑張って、期待値も上がった状態でモルディブを訪れ、がっかりするよりはマシだったかもしれません。とはいえ、綺麗なビーチとのんびりとした雰囲気は、さすが人気のリゾートでした。モルディブの名誉のためにも、それだけは書いておきたいと思います(笑)。

結局、シンガポールから数えて十か国目は二〇〇九年、インドで迎えました。記念すべき国のはずですが、サッカーの環境は過酷で、肉体的にも精神的にも疲労してしまい、とてもこれをゴールとする気持ちにはなれませんでした。しかも、一年一か国だと十年かかるところを、二年早く達成することもできたのです。自分の体力的にも、まだサッカーを続けられそうだったことから、次の目標を考えることにしました。すでに「アジアの渡り鳥」というキャッチコピーもついて、アジアのサッカーリーグを制覇したいという気持ちも芽生えていたことから、「世界一多くの国でプレーしたプロサッカー選手」としてギネス登録を狙うことに決めました。その時点で調べてみると、十六か国でプレーしたという記録があったのです。

次の目標を定めたことで、より多くの国へ移籍するモチベーションにもつながり、以前にも増して貪欲に移籍先を探すようになりました。すると、それまでは毎年別の国のチームへ移籍する僕を「こいつはいろんなところでクビになって、長続きしないやつに違いない」と色眼鏡で見ていた移籍先が、「お前、ギネスでも狙ってるんだろう?」と笑いながら契約交渉に入るなど、変わってきたのです。それは、自分が長年続けてきたことで知名度が上がったこともあるかもしれませんし、ある意味、突き抜けた記録を重ねてきたことで、相手の見方が変わったのかもしれません。

いずれにせよ、目標を掲げて突き進んでいくと思い通りにならないことはたくさんあります。それが相手によるものなのか、自分によるものなのかはさておき、大きな目で物事を見ることができれば、細かい部分は変わっていっても、最後は自分が想像していたよりも大きな目標に変わっていくのです。

ブータンのティンプー在籍時、応援してくださる人たちから頂いた国旗とともに。

7

未来に向かって

“アジアの渡り鳥”が思う、これからの生き方

まずは自分でやってみる

アジアを戦場に長い間サッカーを続けてきましたが、僕が日本を出た二〇〇一年くらいはほとんどいなかった日本人のサッカー選手も、ここ最近はアジア各国でプレーするようになってきました。それに伴い、僕も多くの日本の選手から連絡を受けるようになってきています。皆、何から手をつけていいのかわからず、ネットや人づてに僕のことを知り、連絡してくるケースが多いのです。今回この本を出版するにあたり、アジア各国のサッカーリーグの概要や、アジアで移籍する際のポイントみたいなものも盛り込んだので、後から続く人たちの参考になればと思っています。

実際にコンタクトを取ってきた人に対して、僕はいつも「まずは自分でやってみたら」と言うことにしています。それは代理人をたてるべきかどうかの相談や、トライアルの参加について意見を求められた場合など、いろんなケースがありますが、自分で実際に動いてみれば、いろんなことに気がつきますし、その苦労が結局、自分のためになると思っているからです。

また、僕にエージェントになって欲しいという人も多いのですが、これは自分の経験を踏まえると慎重にならざるを得ません。世界を目指そうという気概を持った人たちが、わざわざ僕を訪ねてくださるわけですから、基本的に協力してあげたいというのが本心です。しかしながら、旧知の仲間や、付き合いのある選手であればともかく、僕が自分の足でゼロから切り開き、過去の信頼関係の積み重ねで成り立ってきているコネクションを、はじめて会う選手に対し、「はい、どうぞ」と提供することはできません。なぜなら、僕はその選手のことを詳しく知っているわけではないですし、その選手の対応いかんでは、僕が長い時間をかけて築いてきたものが一気に崩れてしまうこともあるからです。

そこで、個人的に対応するのではなく、アジアでサッカーに挑戦しようとする選手同士、互いにサポートし合うグループを作ろうと思いつきました。その場所が、サッカーの技術向上はもちろん、人間性なども含めて選手をちゃんと見られるような拠点となれば、僕のノウハウやコネクションも正しい形で提供できるのではないかと考えたのです。その思いは、二〇一四年「チャレンジャス・アジア」というプロジェクトになって実を結びました。

すでにアジアでサッカーをしている選手たちと交流する中で、「代理人やコーディネーターは、目先の契約にばかり集中していて、選手のコンディションやアフターケアがおろそかになっている」という不満を耳にしました。確かに、僕自身も経験がありますが、結果が出ていたり、チームに勢いがある時は、いろいろな人が集まってきて、場所を提供してくれたり、物を提供してくれたりと、何も言わなくても世話を焼いてくれます。ところが、結果が出ていない時や、所属チームがない時などは、今までいたはずの人がさーっとひいていってしまうのです。実はそういった苦しい時こそ、サポートが必要です。例えば、移籍のトライアルに備え、体のコンディションを整えようにも、練習場所がなければ、それすらもできないからです。

特に僕の場合、次のチームに移籍するまでのシーズンオフは、実家のある札幌に戻ることが多いのですが、冬場の北海道は雪に閉ざされ、トレーニングを満足にできる環境もなかなかありません。また、自分の母校が統合によって廃校となってしまったため、ＯＢとして練習に参加させてもらうというわけにもいきません。次の移籍先が決まっていれば、まだ心に余裕もありますが、もし、移籍先も決まっておらず、トライアルに向けてコンディションをキープしなくてはならない状況だとしたら、そのプレッシャーとストレスは相当なものです。

「チャレンジャス・アジア」は移籍先のチームが決まっていない選手を集めて、みんなでトレーニングできる環境を作り、プロ契約を目指して互いに切磋琢磨することを目的としています。立ち上げの年は、全員で四十名弱の選手が集まり、練習を通して自ら契約を勝ち取ったり、僕がチームを紹介したりして、実際にアジアのサッカーチームへ移籍する人が出ました。

僕はこの「チャレンジャス・アジア」で三つのことをやりたいと思っています。

一つ目は、みんなでトレーニングをして、コンディションを整えることです。プロを目指しているのであればみんなで群れたりせず、一人で黙々と練習して技術を磨いたほうがいいのでは、と思う人もいるかもしれませんが、サッカーはチームスポーツなので、個人練習でできることには限界があります。人数がいれば、敵味方に分かれて、実際のゲームを想定した対人練習もできますし、各選手が持っているノウハウや経験を共有することもできます。

二つ目は、移籍先の決まっていないメンバーでチームを組み、地元のプロチームと練習試合をすることです。これにより、ゲーム感覚を取り戻すこともできますし、相手チームから見ればすべてフリーの選手ですから、練習試合でいい動きをした選手はそのまま相手チームに引き抜いてもらうこともできます。特にバンコクは、香港、マレーシア、シンガポール、ベトナム、カンボジア、ラオスといった、アジアの国のチームがキャンプに訪れる場所なので、移籍先との接点を持つという点でも有効です。

三つ目は、メンバーの中で希望する人がいれば、僕がコーディネーターやエージェントとして、どこかのチームを紹介することです。はじめて会う人にチームを紹介するわけにはいかなくても、こういったプロジェクトで同じ時間を共有し、相手の技術や人間性を見ていれば、僕のコネクションの中から、最適なチームや国を紹介できるかもしれません。

これ以外にも、海外のチームの探し方や、トライアルでの生き残り方など、自分が今までしてきた経験を、下の世代に伝えていく場としても機能すると思います。年齢的にもキャリアとしてももう十分上の世代になっていますから、自分の経験や知識を抱え込んでいるのではなく、全部オープンにして、若い人たちと共有していきたいと思っています。そういう意味では、すでにFacebookやTwitterなどを使って、アジアのサッカーチームや移籍に関する情報を、積極的に発信するようにもしています。

例えば「この国の〇〇というチームが、こういう選手を探しています」とか「ここのリーグはこういう特徴があります」とか「自分はこういう時、こうやってきました」といったような情報です。それを取捨選択するのはその人の自由。行きたいと思えば、直接行ってくればいいし、僕に取次を頼んでもいいし、逆に、「壇さんがまだ行ったことのない国なので、僕チャレンジしてみます」と積極的にアクションを起こすのも自由です。

「チャレンジャス・アジア」をアジアのチームを目指す選手たちのベースキャンプみたいな

感じで、めいめいがいろんな国やチームの練習に参加し、その国の雰囲気、チームの状況、欲しい選手像などを選手たちの間で情報交換、共有できる場にしたいと思っています。一人で練習していると、どうしても目標を見失いがちですし、同じ目標を持った人たちが集まれば、質の高いトレーニングもできますから、コンディションの維持だけでなく、さらなるレベルアップにもなります。また、メンバーがどこかのチームの練習に参加するといった動向も必ず刺激になるはずです。

主催する側としては、バリエーション豊かなトレーニングができるので、たくさん選手がいたほうがよいのですが、このプロジェクトの趣旨としては、はやくここから巣立ってくれたほうがいいので、そのあたりの運営の難しさは痛しかゆしですね（笑）。

これからの時代を生きるために必要なこと

サッカーを取り巻く環境は、Ｊリーグの誕生をきっかけに大きく変わりました。また、これはスポーツ全般に言えることだと思いますが、人体や医学の研究も進んだため、トレーニング方法のみならず、それまで常識と呼ばれていたものもガラッと変わっています。例えば、僕らの子どもの頃は、足腰を鍛えるため、トレーニングメニューの中にウサギ跳びが入っていましたが、これは後に効果がないばかりでなく、関節や筋肉を痛める危険性があるとして禁止されるようになりました。そのほかにも、昔は練習中に水を飲むことを禁止する指導者が多くいましたが、大量に汗をかくことにより、運動能力が低下するだけでなく、脱水症の危険もあるため、現在ではむしろ一定時間の運動をした後は、必ず水分を摂取するよう、指導者が促すようになっています。

僕はこういった一昔前の非科学的なトレーニングを推奨するつもりは全くありません。スポ根式の無茶な練習や試合運びによって、未来を潰されてしまった選手もたくさんいるからです。しかし、一方で科学的かつ合理的な練習方法を取り入れた結果、選手の能力やメンタルがどのように変化していったのかについては、とても興味があります。

今、現役で活躍している若い選手や、これからプロを目指そうとしている人たちは、彼らがもともと持っていた才能をさらに引き出すような、効果的なトレーニングをたっぷり受けています。僕も今の時代に生まれていたら、もっとサッカーがうまくなっていたのでは……と思うくらいです。一方で、子どもの頃からの理不尽ともいえるトレーニングを経験したことで、僕には逆境に耐えたり、はね返したりするメンタルの強さが備わりました。それがなかったら、間違いなくこの年までサッカーを続けていなかったはずです（笑）。

すべてをひとくくりにして語るのはよくありませんが、今の若い選手たちには、才能だけでプロまでたどり着いた人が少なくないように思います。自分はこの先どうやってサッカーを続けていくつもりなのかとか、今ぶつかっている壁をどうやって乗り越えていこうかとか、そういった悩みや将来の目標などを、ピッチの外で考えたり、自分で解決したりする気持ちの強さが才能に追いついていないのではないかと思うのです。

彼らの中には、僕なんかよりもずっと勢いがあって、能力も高い選手がたくさんいます。彼らだったら、もっとできるはずなのに、もったいない！　そう思う瞬間がたくさんあるのです。

海外でプレーしていると、テクニックだけでなく、強烈なメンタルをもった選手に圧倒されそうになります。日本の選手のテクニックは、海外のチームと比較しても遜色ないレベルか、むしろ優れている人たちのほうが多いくらいです。ならば、テクニックと同様にメンタルも強ければ、海外の選手たちを圧倒できるはずです。

能力の高い選手こそ、メンタルも同じように鍛えて欲しい。この部分で日本の選手が負けないよう、僕が経験してきたことや知識を自分なりにまとめ、次の世代が強靱なメンタルで海外の選手と互角に戦えるよう、サポートしたいと思っています。

反復練習五割、新しいテクニックの習得に五割、楽しみながら練習する

Jリーガーの平均引退年齢は約二十六歳。三十代になるとベテランといわれています。

僕は二〇一五年の十一月でちょうど四十歳。現役選手としてはかなり高齢になります。ちなみに〝キングカズ〟こと三浦和良選手は僕よりも八つ年上ですが、二〇一五年現在、まだ現役サッカー選手として活躍されているので、サッカー選手の現役年齢に個人差があるのは間違いなさそうです。

サッカーは縦百五メートル、横六十八メートルもあるフィールド内を、前半と後半で四十五分ずつ、合計九十分使って戦うゲームです。ボールを巡って広いエリアを走りまくるわけですから、消費するスタミナは相当なものです。体力面だけで考えれば、今の僕と二十代の僕とでは、二十代の僕のほうがサッカー選手としてすぐれているでしょう。しかし、サッカーに必要なものは体力だけではありません。知識や経験は年齢を経たほうが蓄積されますし、日々のトレーニングによって、二十代の頃よりも成長していると感じるものもたくさんあります。

僕は練習のメニューをたてる際、反復練習を五割、新しいテクニックの習得に五割の配分で設定しています。

反復練習とは、ボールをコントロールするトラップや、正確なパスを出すためのキック、シュート練習などですが、どれも地味な練習の上、その場で成果が見えるものではないので、ずっと続けていると行き詰まってきます。一方、リフティングやフェイントなどのちょっとしたテクニックは、試合ではほとんど出番はないものの、きちんとできた時に達成感を味わえ、自分の成長を実感できます。その満足感によって、再び反復練習に対するモチベーションも上がってくるので、練習の順番やトレーニングメニューは常に考えるようにしています。

特に「楽しみながらもしっかり練習する」というのは大事なことだと思います。

スポーツに限らず、勉強でも技術の習得でもなんでも、厳しい練習に耐えてレベルアップという考え方がありますが、これだとどこかで限界が来ると思うのです。もちろん、厳しい練習は必要なのですが、それと同じくらい、楽しいと思える練習があれば、モチベーションも上がり、ずっと継続していくことができるはずです。

例えば、僕の場合はシーズンが終わると、北海道の実家に戻って、地元の仲間のチームに入れてもらったり、初心者や男女が一緒にやっているミックスフットサルのチームに入れてもらったりもします。プロの人の多くはそういう場所でプレーすることを好まないのかもしれませんが、僕にとっては、純粋にサッカーを楽しむための大事な時間です。一つのボールを巡って、みんなが一生懸命に走っている姿を見て、自分がサッカーを始めた頃の原点を思

小学校時代、磯野先生に会わなかったら、僕はサッカーを続けていなかったかもしれない。

い出したり、単純に「サッカーって面白いな」と思えたりすることは、必ずプラスに作用するからです。僕がこの年になってもサッカーを続けてこられたのは、子ども時代に感じた「サッカーって面白い！」という気持ちがいまだに残っているためなのは間違いありません。サッカーの厳しさを教えてもらったのが、登別大谷高校の兼田謙二監督だとしたら、それと同じくらい重要な要素である、サッカーの楽しさを札幌市立元町北小学校時代の磯野孝吉先生に教えてもらいました。ボール一つを巡って友達と校庭を走りまくったあの気持ちを思い出す度、もっとサッカーを続けたいと心の底から感じるのです。

もし、肉体的な面だけに重きを置いて練習を重ねていたとしたら、加齢による体力の低下にはあらがえません。「百メートルのタイム、二十代の頃と比べたらコンマ〇〇秒落ちている……」なんて、測る度に自分の体の衰えに打ちひしがれることになってしまいます。しかし、テクニックを磨いて常に新しい技を増やしたり、サッカーの奥深さを知っていたりすれば、年齢を重ねた分だけ、体力以外の別の能力は伸びていると言えるのではないでしょうか。

「体は衰えているかもしれないけれど、テクニックは上達しているし、サッカーの本当の楽しみ方も知っている。俺は、若い頃より絶対にうまくなっている」

物事を前向きにとらえ、加齢という避けようのないところで戦うのではなく、別の部分で勝負するという考え方は、サッカーに限らず、人生を生き抜く上でも大事な視点だと思っています。

サッカーで作った〝借り〟は、サッカーで返せたのか……

ベガルタ仙台をクビになった後、北海道で一年近くどん底の状態を経験し、どんな息抜きや気分転換をしても、決して満たされることはないという結論に達しました。クビになった理由が寝坊だったこともあり、「実力でバツを打たれたわけではない、まだサッカー選手としてやり残したことがある」と自分を鼓舞できたことで、何とかはい上がることができました。

サッカーで作った借りはサッカーでしか返せない。僕は、借りを返すべく、アジアへ旅立ちました。

今では間違いなくこの道を選んでよかったと思っていますが、まだ満足はしていません。さすがに寝坊については改善しましたが、いまだに寝坊をする夢を見たり、朝が早いと緊張したりすることがあります。

現役をやめたとしても、コーチや代理人など、何かしらサッカーに関わる仕事を続けているでしょう。まあ、満足していたとしたら、もうとっくにサッカーをやめているはずです。この分だと、いつまでたっても借りは返せないのかもしれませんね（笑）。

それは、僕の中に、現状に満足するという選択肢がないからかもしれません。ですから、アジアでサッカーをするといって日本を出て、「一年で一か国ずつ、十年で十か国でサッカーをプレーする」と決め、それが達成されても終わることなく、さらに次の目標を立てて今を生きています。

「十六か国に移籍してプレー」したというギネス級の記録があるのを見つけたら、今度はその記録を破るという目標を立て、ラオスで十七か国目を達成しました。それは今も継続中ですが、その後、「もう一度仙台のユアテックスタジアムでプレーする」という願いにも似た目標を立てたところ、こちらは、ベガルタ仙台二十周年記念試合に参加するという形で目標を達成しました。

自分の座右の銘に、「鷙鳥不群」という言葉があります。「しちょうふぐん」、または「しちょうはむれず」と読みます。鷙鳥とは、鷲や鷹などの猛禽類を指し、他の鳥が群れで行動するのに対し、これら力のある鳥は群れることをせず、単独でも生きていけるという意味です。

思い返してみれば、小学校の頃、巨人全盛の野球ではなくサッカーを選択したこと。高校進学の際に、将来を期待されていたアイスホッケーではなくサッカーを選んだこと。そして、北海道ナンバーワンの室蘭大谷ではなく、兄弟高の登別大谷に進学したこと。さらには、アジアに出てからは、「日本人初の選手」という国やチームばかりを狙って移籍したことなど、ことごとく自分の行動と一致する言葉です。あまのじゃくと言われれば、その通りですが、すでに情報のある場所よりも、自分で情報を取りに行ける場所のほうが面白いし、自分で自分の道を切り開いていったほうが、得られるものも大きいので、結果的にそうなっています。

はじめからこの言葉を知っていたわけではないのですが、自分の行動を振り返ってみると、この言葉がぴたりと当てはまりました。

僕は、前例のないことを達成してみたいし、まだ誰も見たことのない景色を見てみたい。誰かの敷いたレールの上を歩くのは楽かもしれないけれど、魅力を感じないのです。

僕にとって「自分を開く」ということは、自分の力でどこまで行けるのか、道を切り開く「冒険」なのかもしれません。目的地にたどり着くと、すぐに次の場所や夢、希望が現れる。そしてまた、次の場所へ僕は向かって行くでしょう。

皆さんも、どんな一歩でもかまわないので、まずは踏み出してもらえたらと思います。

おわりに

札幌で生まれた少年が、〝アジアの渡り鳥〟として生きていくようになるまでに、いろんな紆余曲折《うよきょくせつ》がありました。

その二点だけをつなぐと、とても遠すぎて、「自分には無理」とか「自分とはタイプの違う人」と、すぐに判断してしまう人もいるでしょう。

しかし、これは小さな積み重ねの結果であって、どんな人でも何らかの課題や目標を積み重ねていけば、必ず大きな結果へとたどり着くはずです。

例えば、「学年最下位の成績だけど東大を目指す！」とか、「営業未経験だけど、会社の営業成績でトップを取る！」といったような大きな目標を立てても、ゴールへの道のりが遠すぎて、挫折してしまう人が大半だと思います。ところが、「一日にドリルを一ページやって完璧に覚える」とか「新規開拓先を三件回る」といった小さな目標であれば、達成できるのではないでしょうか。

僕は大きな目標を立てると、それをもとに逆算して、一年の目標、一か月の目標、一日の目標というようになるべく小さな目標まで落とし込むようにしています。毎日の課題や挑戦は、少し頑張れば手の届きそうなレベルにしておくのです。そして、目標を達成した時の自分へのご褒美も考えておき、それをモチベーションにして、次の目標へ向かっていきます。

それを積み重ねていくと、ある日、大きな目標までたどり着けるのです。

たとえ、その目標を立てた時にはとても遠い存在だったとしてもです。

かつて僕がプレーしていたベガルタ仙台に、伝説のサポーターがいました。

$$2 + 2 = 4$$
$$2 \times 2 = 4$$

彼は〝戦術ボード〟といわれるスケッチブックを持って応援していたことから、戦術君と呼ばれ、その独特の応援姿勢から、サポーター仲間だけでなく、我々選手やチームサイドにも知られた存在でした。彼の〝戦術ボード〟には、丸や矢印などの独自の記号が描き込まれ、その多くは謎でしたが、一つ、彼が周りに意味を伝えたとされるボードが、僕の心に深く残っています。

インターネットでも広く出まわっていたので、知っている人もいるかもしれません。

二と二を足しても、二と二をかけても、答えは四になる。

戦術君曰く、「方法は違っても、最後にそこにたどり着ければいい」。

僕の現時点での最終的な夢は、サッカー界に名を刻むことです。そして、これは昔から口に出して言ってきたことでもあります。

僕の通ってきた道筋は、Jリーグで活躍し、日本代表に選ばれ、ヨーロッパのリーグへ移籍……という、日本の人たちの多くが思う、サッカー界に名を刻むルートとは違います。

しかし、それが回り道であれ、いばらの道であれ、目標とするゴールにたどり着くことが大切だと、彼の言葉は語りかけているように思うのです。

ブランメル仙台時代から応援してくれていた戦術君は、残念ながら二〇〇二年、三十四歳という若さで亡くなりましたが、彼のこの言葉は、今もベガルタサポーターに受け継がれています。そして僕も、この言葉を胸に、これからも走り続けていきたいと思います。

最後になりますが、マレーシア時代から本の出版を持ちかけてくださった、ニムラ・ジェネティック・ソリューションズの二村聡さん、本の雑誌社で出版化に尽力してくださった炎の営業部長こと杉江由次さん、僕の言葉を読みやすく構成してくださった編集の小林渡さん、そして単なるサッカー本にせず、手に取りやすい表紙を考えてくださったデザイナーの寄藤文平さんと杉山健太郎さんにお礼申し上げます。

また、香港時代に写真を撮ってくれた馮耀威さんのほか、今まで僕のサッカー人生を応援し、協力してくださった日本やアジアをはじめ、世界中の皆様にお礼申し上げ、おわりの言葉に代えたいと思います。

伊藤壇

本書は書き下ろしです。

装丁
寄藤文平＋杉山健太郎(文平銀座)
・
編集・構成
小林渡(AISA)
・
写真提供
伊藤壇

自分を開く技術

2016年1月31日　初版第一刷発行

著者
伊藤壇
・
発行人
浜本茂
・
印刷
中央精版印刷株式会社
・
発行所
株式会社本の雑誌社
〒101-0051
東京都千代田区神田神保町1-37 友田三和ビル
電話 03(3295)1071　振替 00150-3-50378

 ISBN978-4-86011-281-3 C0075